# 做 课

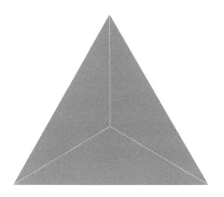

布棉、崔晓玲 ／ 著

中信出版集团｜北京

图书在版编目（CIP）数据

做课 / 布棉，崔晓玲著 . -- 北京：中信出版社，
2022.7
ISBN 978-7-5217-4231-2

I. ①做⋯  II. ①布⋯ ②崔⋯  III. ①企业管理－职
工培训－课程设计  IV. ① F272.92

中国版本图书馆 CIP 数据核字（2022）第 059714 号

做课
著者：    布棉   崔晓玲
出版发行：中信出版集团股份有限公司
      （北京市朝阳区惠新东街甲 4 号富盛大厦 2 座   邮编   100029）
承印者：    天津丰富彩艺印刷有限公司

开本：880mm×1230mm  1/32    印张：7.5    字数：155 千字
版次：2022 年 7 月第 1 版      印次：2022 年 7 月第 1 次印刷
书号：ISBN 978-7-5217-4231-2
定价：49.00 元

## · 推荐序一 ·
## 做课能力是我们行业的最核心能力

我年轻的时候读过《一个广告人的自白》，是广告大师大卫·奥格威的著作。这本书对我在广告和传播学方面的学习产生了重要影响，可以说它让我对一个行业有了"光荣与梦想"。更重要的是，奥格威在某种程度上让行业从业者对于"广告"和"文案"有了一致的想象和认知。

每个行业都有很多最佳实践，而往往对这些最佳实践的汇总和抽象，形成了一个行业的核心能力。就职业教育和企业培训这个行业而言，我一直认为，做课能力才是我们的最核心能力。

很开心能看到我的合伙人老布和同事晓玲的这本《做课》出版，这是他们的一小步，可能是行业的"一大步"。他们第一次向行业同人抛出一个命题：大家是否有关于本行业的基础能力——"做课"的一致认知？

两位作者在培训和职业教育领域有超过 7 年的经验，积累了大量的实操案例，这其中有成功的，也有失败的。成功和失败都是最佳实践的素材，他们从这些素材中抽象和总结了很多实操流程和工作方法，并形成了方法论。

这项工作能让同行受益颇多，因为大家终于可以认真思考

"做课"这个核心能力是如何组成的了。

职业教育和企业培训行业自 2020 年开始有了显著的变化，这个变化源自两个变量：疫情大暴发和数字化转型。这两个变化带来的是线上培训的崛起和数字化人才培训需求的暴涨。一夜之间，似乎所有的公司都开始做数字化人才培训，几乎所有的培训机构都会选择线上授课。

这给培训从业者带来的最大挑战是：需要邀请大量的"老师"制作大量的"线上课程"。因此，做课（尤其是做线上课）成为自 2020 年起培训从业者和职业教育机构广泛的需求。

三节课长期从事职业教育和企业数字化人才培养，布棉也长期负责课程研发和教学系统开发。我们每年要与 2 000 名以上的讲师合作，生产 1 000 门以上的新课程，我想这种因长期积累而形成的认知积累是非常难得的。

我从这本书里看到他们引用了大量三节课的实操案例和团队总结的经验，我想不管是培训行业的新人还是资深从业者，都可以从这本书里获得自己想要的"营养"。

最后，我期待随着课程制作能力的提升，中国职业教育和企业培训的水平能上一个新台阶。

中国职工中约有 1/3 需要率先完成数字化转型和能力升级，在如此重大的社会需求面前，我们愿与同行一起努力！

后显慧

三节课创始人兼 CEO

# 让每一位业务专家都做出一门好课

九年前，我在京东企业大学任执行校长，当时主导开发了三门电商基础课："如何提高流量""如何提高客单价""如何提高转化率"。不论是人力资源还是法务，都要求在京东工作的第一年必须学这三门课，还要参加考试。

因为员工只有了解这些，才懂得京东电商服务背后的核心业务逻辑。只有懂了业务逻辑，才会真正明白到底做什么工作能为公司提供价值。

在我看来，企业管理层必须要重视让全员学习企业自有的专业课程。企业内部的课程越多，对企业的发展越有利，但因为投入、优先级等原因，往往企业让员工学习的都是些通识类课程，很多企业的培训部门会把精力放在领导力、沟通力等方向的课程上，其实这些课程在市面上已经很成熟了，不需要自己去开发。他们忽略了和绩效最相关的岗位专业课程的学习，因此，每个企业一定要开发一套全员都要学的专业课。

这本书的作者提出了"新职业类在线课程"的概念，具有前瞻性，切入点也非常好。讲师是在一线打拼的业务专家，课程目的是帮助学员解决真实业务问题，这样的课程才可以称为"新职业专业课"。

新职业类课程是职场人学习的刚需，但是，学校的老师没教过，企业管理者没时间教，短期集中培训又耗时耗力，如何萃取内部业务专家的经验并整理成可学习的内容成为关键点。

企业要想获得大量的内部专业课程，自然是找本企业的业务专家来做，但现实是业务专家们没有意愿分享经验，更别说来做课了。

企业可以通过搭建平台让业务专家能够崭露头角，去影响更多的人。在京东大学，我们借鉴了 TED 演讲的模式，邀请一个外部专家，再找四个内部专家同场竞技，让他们分别用 18 分钟讲一个自己特别擅长的内容。有一次我们请了 360 的副总裁来讲怎么做产品，京东内部专家纷纷报名参与，颇有一种"我要跟 360 副总裁 PK"的感觉。

在京东，有业务专家因为分享的内容质量很高，被邀请到总裁会上做演讲的，也有专家借助自己开发一门专业课程的影响力而走上了管理岗位。

如何帮助业务专家掌握经验萃取、课程设计的能力？这本书的两位作者剖析了自己过往的亲身经历，把做课的问题简单化、清晰化，并形成规范的步骤，还配了大量具体的案例辅助理解，能看出作者的良苦用心，他们是充满诚意地在解决企业和讲师在课程开发和知识创造过程中遇到的种种问题。

我把这本书称为"产品经理写的书"，这是最有价值的地方，与培训领域的人力资源专家的视角有很大不同。

产品经理的任务就是把解决问题的方案产品化，这本书提出的新职业类在线课程设计双钻模型就非常清晰，其每个步骤在拆解的时候都有相关的工具表单帮助讲师一步步往下走，这源自作者的产品经理思维，是把做课中那些复杂的、无法言表的东西流程化、标准化了，这样便能确保讲师按照这个模型做出一门质量不会太差的课程。而且课程在交付的时候还会创造很好的用户体验。

而市面上关于课程开发的书籍大都由培训师来写，他们要么写自己课程开发的过程，要么写有关单点技巧提升的内容。我有一种感觉，培训师们写的书，总是有所保留，并没有把自己压箱底的方法和盘托出，似乎只有他们亲自出马才能做出优质的课程。

看完这本书，我很感动。现在有很多作者出版图书是为了展示自我能力和才华，而这本书是一本真正用来解决问题的书，因此尤为可贵。

这本书很可能会推动新职业类教育产业的发展，在未来的新职业教育领域里，将诞生一批能做出课程的业务专家。

我希望业务专家们不断总结经验，萃取经验，做出课程，为自己创造更大的职业发展空间，这将为企业和行业更系统、更标准化地解决人才培养的问题。

我推荐负责培训的人也来认真看这本书，用产品经理的思维把自己的经验显性化，真正推动人和组织的改变。

最后，我也建议作者继续研究一个关键的话题，就是如何调动这些业务专家的积极性，让他们不仅努力工作，还愿意做出一门课程来影响行业里千千万万的年轻人。

马成功

中国成人教育协会理事、京东大学原执行校长、

《培训管理：从入门到精通》作者

## 课程设计不是玄学而是科学

　　我并非一名专业的课程设计师，而是一名产品经理，主要工作是通过产品、技术手段解决业务问题，平时讲得最多的是用户、场景、需求，做得最多的是提出合理的解决方案，在效率和效果之间取得平衡。我不能保证每一个产品都取得成功，但会尽可能通过结构化的设计降低失败率，提升良品率。

　　在我看来，做课程和做产品没有多大区别，也是通过课程的设计来满足学员在特定场景下的学习需求。在掌握了结构化课程设计的方法后，再保证课程数量和质量都在平均水平线之上。

　　我"好为人师"，不仅喜欢帮助身边的人解决问题，还会帮对方把问题背后的思考逻辑也梳理清楚。这一性格特点和丰富的项目经历，使我积累了很多经验，并把经验总结成了个人独特的工作方法。

　　因为经常与人分享经验，来找我咨询的人越来越多。我发现有一些提问出现频率很高，就把这些常见问题整理下来做成文档和教程。如果有些问题不能通过文档表达，我就会将其录成视频文件以便演示。这样的方式既帮助了别人，也能提升自己的效率，避免自己重复讲同样的事情。

当教程和文档写得多了，我便又沉淀了很多经验，随后我开始在团队内部进行分享，也会将这些经验用于新人培训。值得欣慰的是，我带的新人成才率还不错。这大概就是我模糊"做课"的开端。从开始做课至今，我累计做了超过 100 小时的在线课程，这些课程被超过 10 万人学习。

然而，我做课的历程并不都是美好的，让我记忆犹新的是两次惨不忍睹的经历。

2013 年，我第一次面向非本公司的学员进行产品经理入门课的讲授，当时花了很多的时间去设计课程内容、查找资料，认真做课程设计，甚至还专门请朋友美化了 PPT（演示文稿幻灯片软件），随后我便信心满满地开始了第一次线下课程的讲授。然而很不幸的是，课程满意度只有 3.5 分（满分 5 分），这肯定是一个不及格的分数，因为还包含了部分现场学员觉得讲师很辛苦而给的同情分。

这次做课经历让我感到一种强烈的挫败感。学员们普遍反馈课程的知识容量太大了，感觉听了很多内容却又没什么收获。在这次课后的几周时间里，我根据学员们的反馈，将课程内容做了以下调整。

○  篇幅由多到少。之前的课程几乎覆盖了产品经理工作的所有方面，在这次调整中，我把内容做了大幅删减，只精讲与工作最相关的重要模块。

○  语言风格变得平实，减少"自嗨"的内容，不堆砌高大上的词汇，而是使用工作、生活中的说法来讲课，并减慢讲课的速度，让学员更好地理解课程内容。

○ 降低 PPT 设计的华丽度。线下课程和大会演讲的 PPT 完全不同：演讲 PPT 要足够"高大上"，因此可以设计得华丽一些；而课程 PPT 的内容则更需要严谨、逻辑清晰，让学员既能抓住重点，又感觉有很强的引导性。

在将课程调整完之后，我把听首场课程的学员都邀请回来试听新版课，课程满意度竟达到了 4.8 分以上。后续的课程持续做了上百场，满意度评分一直没有低于 4.5 分。这个调整让我意识到，课程要面向学习对象，做精比做多更重要。

到了 2016 年，线下课程已经让我讲得炉火纯青了，几乎到了能知道在哪个点讲什么段子同学们一定会笑，提什么问题学员参与度一定会高的状态了。

此时三节课刚起步，我计划把线下的课程转换成在线课程。我当时心想：线下课程质量那么高，做成线上课不是很轻松吗？

经过一个多月的筹备和制作，课程上线到了公司的学习系统。我邀请了一些学生进行试听并匿名打分，课程满意度却出奇地低，只有 3 分。这也是一个不合格的分数，这次甚至连同情分也没捞到。

我又感到了极其强烈的挫败感。再次跟学员进行深入了解后，我对课程做了以下调整。

○ 课程内容的篇幅由少到多，覆盖更多的模块。在线课程的学员更希望进行系统化学习，因为课程可以被不断翻看，学习时间是充裕的，因此学员对内容的精细化要求进一步提高。

○ PPT 设计从简单改为更充实、更复杂，并加上大量的动画。对于线下课程来说，一页 PPT 讲师可以讲半个小时，学员跟着讲师走就好了；但对于线上录播课程，讲师是不出镜的，而 PPT 中的动画可以抓住学员的目光，维持他们的专注度，学习过程也就不至于那么累了。

○ 语言上减少活跃氛围的互动元素，整体使用更为严谨的表达。在线录播课程没办法通过互动来调动气氛，因此需要重点将课程逻辑做扎实，以经得起不断被翻看的考验。

经过多次迭代后，线上课程的满意度和口碑都达到了优良的水准，很多学员学完后自发将课程推荐给身边的朋友。后期我又在课程产品中加入班主任、助教辅导等新模式，奠定了三节课在线训练营的雏形，成为一种长周期在线学习的新模式。这次调整让我意识到，同样的内容面对不同的学习场景，要进行适配和设计，才能有更好的学习体验。

在跨越了以上两个困难的节点后，我对课程设计有了更深入的理解：面对不同的学员群体，要根据学员的学习目标，匹配最适合的学习场景，设计更优的学习体验，保证学习效果达成。

由于课程口碑还不错，有很多同行向我请教课程开发的事宜，希望我传授做课的方法，但很不幸，几轮尝试下来，讲授的效果并不理想，老师表达的原因大概有下面几点。

○ "你对课程的要求太高了，我感觉很难达到这样的水平。"

○ "做课太复杂了，我工作很忙，没那么多时间做课，还是算了吧。"

○ "我这个领域是很专业的，这么设计课程不一定管用。"

早期三节课的教研团队和讲师合作做课，让课程成功上线的成课率很低，可能只有 20%，做出优质课程的比例可能只有 5%。但大部分讲师都是各个行业的精英，经历和经验很丰富，方法论也久经考验，因此自然不是讲师本身专业性的问题，而是我们并没有解决讲师在做课时遇到的困难，才导致课程无法如期制作出来。

为了解决讲师的问题，我开始深入了解课程设计领域。通过买书、买课、请教行业的牛人，我发现课程设计领域的方法论其实很成熟了，比如 TTT（职业培训师教程）、ADDIE（培训课程开发模型）、CBET（能力本位教育与训练模式）、DACUM（教学计划开发方法）等方法，都能很好解决课程设计从需求到落地全过程的问题。

在学习时，我发现以下几点现象。首先，大部分组织课程、设计课程的教授对象是培训的组织者，但如何帮助业务专家快速完成课程设计的内容却比较少。其次，大多数是围绕线下课程设计的教学，有关在线课程设计的内容则少一些。另外，还有一大部分是讲 PPT 设计技巧的，但系统化解决新职业类在线课程的较少。

　　我站在业务专家的视角来看，如产品总监、销售主管，他们大都是核心业务的关键人员，工作很忙、时间有限，如果做个课还要去了解职业教育和复杂的课程模型，就有点本末倒置了，毕竟做课对他们来说只是出于热情，连副业都谈不上。业务专家需要的是快速把课程做到 70 分的方法，因此降低做课的成本、提升做课效率很重要。

　　根据上述情况，我在本书中总结了在线课程设计的特点，业务专家只需要掌握其中几个关键模块，通过相应的设计工具，便可解决课程主干逻辑和课程设计技巧的问题，能够有力地提升讲师的做课效率。

　　很多人问我，如何做出既叫好又叫座的课程方法论，坦白讲，我不能保证根据本书的方法就能把课程做到足够优秀，但的确可以通过结构化做课的方法，在保证基本课程质量的前提下，提升做课的效率。

　　为什么要讲效率？因为讲师面对的学员群体本来就是多变的，学员所面临的场景也是多变的，讲师单靠一门课程就解决学员所有问题的概率极低，如果一门课程要覆盖尽可能多的知识，那就意味着课程内容会过于丰富，学员学习起来也会很困难。如果讲师掌握了做课的方法，就可以快速设计多门课程，每门课程容量不必太大，但都解决学员的特定问题，这样，每门课程都是好课。

　　比如，某讲师的一门名叫"Word（文字处理软件）从入门到精通"的课程，从最简单的文档编辑讲起，讲到使用宏来批量处理文字，大约需要超过 20 个小时。这门课程似乎非常全面了，但对于学员来说却是灾难，因为太难学了。如果讲师把课程拆成不同的场景，如"Word 公文写作入门""通过 Word 宏编程实现公文自动输出"，让这两门课程分别面向不同的群体，解决不同的业务问题，学员的学习体验将直线上升。

很多讲师觉得做课是"玄学"，要琢磨很长时间才能总结出一点经验，而我希望能把这门"玄学"变成科学，科学就是把课程当成产品，通过结构化的方法来保证每门课程的质量都在平均水平之上。

以上就是我作为一名产品经理书写这本书的初心。我认为这本书更像是一本工具书，可能不是那种一点就通、一学就会的书，但可以帮你在决定做课时建立信心，并在做课过程中有针对性地参考和对照。

在此特别感谢三节课的所有教研同学，书中很多方法都源自他们的研究和应用。另外也感谢本书联合作者——三节课最早期的员工崔晓玲，她通过不断地提问、萃取，帮助我把一些模糊的感觉总结成可被信赖的方法。

布棉

三节课联合创始人

# 目  录

## 第三章 ｜ 如何生产一门知识小课

## 第四章 ｜ 如何生产一门体系课程

# 第五章 | 课程内容设计的技巧

"我特别痛苦，领导希望我给部门同事分享工作心得，但我那么忙，光是做准备就得花费好几天的时间，我还要去完成KPI（关键业绩指标）啊！"

——某互联网公司的业务负责人

"我想在团队内部建立起互相分享的文化，但响应者寥寥。为此我建立了奖励政策，依然没有改观。最后我亲自上阵为大家分享，可参与的人非常之少，而且来参会的人大部分在看手机、打电脑。"

——某互联网企业的技术部门总监

"我们团队的学习氛围很差，内部学习平台里的课程又老又旧，根本没有观看学习的价值。HR（人力资源）把线下培训录成视频传到网盘里，这些所谓的课程，我听5分钟就犯困了，HR还要求打卡，这简直就是浪费生命。"

——某大型企业的员工

以上几点是我们在调研企业在线学习情况中收集到的典型问题。员工对团队发布的学习内容不感兴趣；分享者花了不少精力准备内容，反馈却一般；企业在员工培训上投入了大量时间和资金却收效甚微……问题到底出在哪里？

在调研中我们也发现了一些不错的案例，一些企业能在员工、分享者、企业自身三者之间取得有机的平衡，他们激励有经验的人充满动力地为企业生产出有价值的学习内容，支持员工从有经验的人那里快速学习各种经验，而企业自身也在这一过程中努力为员工们营造出一个积极的学习氛围。这便形成了一个有效的学习闭环，而整个闭环的关键是"课程内容"，促成闭环循环运作的"催化剂"是企业能够激励有经验的人通过更低的成本生产更优质的课程。

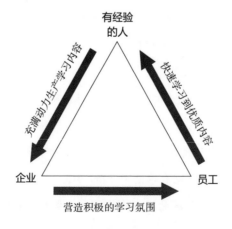

有经验的分享者恰恰是业绩非常好的业务专家。相比于做课程，他们更愿意把时间花在提高业绩上，对他们来说，做课的时间、精力成本太高，听课者反馈又不明显，他们收获到的成就感也会很低，这就直接导致做课动力不足，从而造成了企业里高质量、贴合业务的课程匮乏，致使渴望提升技能的员工无课可学，形成恶性循环。

本书提供了一套可落地、易上手的新职业类在线课程生产方法，帮助企业的业务专家、有经验的个人轻松制作出优质的在线课程，这些课程既能为企业沉淀自己宝贵的经验，又可以让创作者支持和影响身边更多的人，从而打造良性的循环。

本书的做课方法是三节课的教研同事们在生产课程的过程中，反复实践并沉淀下来的成果，希望这套做课方法可以促进行业内更多优质课程内容的产出。

本书不会介绍复杂的教育模型，甚至不会展开讲其背后的原理，而是给予工具、模板，帮助讲师尽可能以较低的成本投入快速掌握做课的方法，并且顺利做出一个 80 分以上的课程。

## 新职业课程成为市场新需求

随着"互联网 +"的大势兴起，当下商业环境发生了剧烈变化，各项互联网技术有着突飞猛进的发展，使得互联网行业的工作方法也发生着巨大变化。比如，越来越多的销售在线上获取客户线索并完成交易，常见的有采用新媒体的形式进行传播，或采用社群运营的手段来影响客户的决策等。

大量职业之间的边界变得越来越模糊，一些旧职业逐渐被替代，同时也出现了大量传统大学不可能培养的新兴职业，典型的如互联网行业的产品经理、互联网运营、电商直播主播、人工智能训练师等。这些岗位从业者的职业成长呈现非线性的趋势，他们需要新的学习模式，同时在学习内容、学习过程、交付产品等方面都会与传统职业有所不同，这些新职业的培训课程既要以真实职场能力提升为导向，又需要结合具体的业务实践场景。

这些新的学习需求大量涌现，但是相应的优质课程却非常匮乏。当新职业员工在职场中遇到问题时，要么到处找前辈请教，要么在网上搜索一些碎片信息，或者只能通过不断踩坑获得经验，这无论对于个人成长还是企业发展来说都不高效。市场上急需一大批更多元的优质内容，来满足新职业从业者的学习需求，我们称之为"新职业类在线课程"。

2020年，新冠肺炎疫情促使很多企业开启在线办公模式。而企业的学习模式也随之发生改变，原来依赖线下培训的企业开始采用视频会议、直播等形式来组织学习，诸多企业开始搭建自己的在线学习系统。员工的学习环境从传统的以线下模式为主，已经转变为线上和线下相组合的模式，企业组织各类线上直播课程，也号召全体员工都来做课。

这个现象的产生，一方面是大趋势所致，在线课程已然成为企业培训非常重要的部分；另一方面也是为了应对互联网环境下新职业的不断涌现和发展，如果依然沿用传统的线下培训模式就真的跟不上快速变化的节奏了。

然而，虽然很多企业搭建了在线学习平台，但依然普遍面临缺乏优质的新职业类在线课程的困境。我们见过企业对此最常见的做法有以下几种。

○ 把线下培训录像并上传至公共学习平台，但这类课程资源制作粗糙，二次学习体验极差。

○ 发奖金激励所有员工做课，甚至列入 KPI，但因缺乏做课技术，课程质量堪忧。

○ 采买大量外部课程，但与本公司的工作相关度不紧密，员工不爱学。

○ 把所有资料，甚至领导讲话都放入公共网盘，但内容过时也没人更新。

通过以上情形我们不难看出，企业虽然有拥抱在线学习的决心，但最后效果都不尽如人意。

其实，当学习条件发生了变化，仅仅靠改变授课形式，添加一些线上内容是不够的，我们需要培育一个以员工学习需求为中心的企业学习环境。

# 学习是为了解决业务问题

一个员工很好学但业绩很差，或者一个员工几乎不学习但业绩很好，在现实生活中都是存在的。新职业员工的学习目标更关注学习和业绩之间的关联性，学以致用并产生业绩才是课程最需要重点关注的。

下图是我们帮助一家企业的培训部门梳理的培训策略，采用组合的方式帮助解决业务端的培训问题。

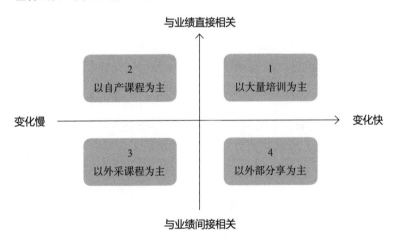

我们把员工需要学习的内容大致划分为四类，根据两个维度来区分：知识变化的快与慢、与业绩是直接相关还是间接相关。

1.与业绩直接相关并且变化快的知识。比如还没有被验证的一些先进经验或经常会调整的策略，一般采取大量的即时培训作为授课形式，甚至通过师徒制进行传授，大多数是上下级面授，或者专人专岗培训，这样更能确保效果。

2. 与业绩直接相关但是变化慢的知识。比如已经被多次验证的工作方法论，这类最好由企业内部的员工将其做成课程，以便与企业本身发展相关的知识得到有效沉淀，让其他员工能有针对性地学习。

3. 与业绩间接相关并且变化慢的知识。比如沟通、管理等基础素质类的知识，直接采购市面上成熟的通用课程可能是更快速、直接的方法。

4. 与业绩间接相关并且变化快的知识。比如一些市面上的营销新玩法，这类知识可以通过邀请外部专家做分享来传授，这样既可以保持信息随时输入，同时也能降低课程成本。

可以看出，需要企业内部大量生产的课程是跟业绩直接相关，并且更新变化相对较慢的知识，对于这类课程，业务专家更容易也更愿意去生产，因为课程生产出来对于其他员工的收益是相对最大的。

## 业务专家做在线课程具有广泛的社会价值

可以学以致用的课程对企业发展、员工成长都有很大的帮助，但前面已提到，企业内号召员工来做课是件很难的事情，所有人都将关注度和时间聚焦到提升业绩上，没有动力去生产课程，有时候为了完成任务，被安排讲课的员工甚至在线下做个简单的分享便草草交差。

造成这种局面的原因有以下两点。

1. 觉得自己没有可讲的内容，做不了课程。很多人不知道自己能做什么课程，甚至不觉得自己能做课，他们可能已经在业务上取得了很好的成绩，但是总觉得课程生产是个专业性很高的事情，需要资深的专家来做。

2. 觉得做课的性价比太低，不值得做。有人即使想要做课了，也不知道具体要怎么做、该从哪里下手，这样即便将课程做出来了，学员的反馈也不会很好，讲师也就没有什么动力继续做下去了。

很多公司为了解决这个问题，会请专业的内训师来做课程设计方法的培训，而当业务专家拿到一套完整的课程体系搭建工具，看到里面有那么复杂的操作步骤之后，想做课的心思也就烟消云散了。

事实上，因为市场旺盛的需求，新职业类在线课程的制作门槛会相对较低，制作出内容更新、迭代更快的课程更容易被人接纳和传播。很多新的技能没有权威的定论，都是从业者从自己的经验中提炼而来，只要从业者能把自己的经验总结成方法论，就会为很多人提供很大帮助。

做课和写书一样。完成一个作品给个人带来的成就感是非常巨大的，如果一个职场人能有意识地积累自己的作品，这些都会成为他在职场中的底气。从工作经验中萃取出的作品，在市场里也会有很强的影响力和变现力。讲师稍微掌握课程设计的形式，辅以课程制作技术，课程生产和宣发会比出书更直接、快捷。

# 做课，有方法吗

你现在是不是考虑做课了呢？如果你之前做过一些课程，有没有感觉哪里不太对？很多讲师刚刚开始做课时，脑袋里都充斥着大大小小的问题。

- ○ "我做过很多分享和公开演讲，这跟做课有区别吗？"
- ○ "我可以讲很多东西，但不知道大家想听什么，而大家也似乎说不出所以然来。"
- ○ "做一门课是不是很难，需要花费很多时间？"
- ○ "我想做出高质量的在线课程，有靠谱的方法可学吗？"

不用担心，以上这些问题在课程生产中都会被一一解答。做课这件事既没有我们想象的那么简单，也没有那么复杂。最关键的是，现在开始行动起来吧，你要有一个自己的作品了。

## 谁具备做一门课程的能力

如果有人想找你做一门课程，你潜意识里一定会打退堂鼓，导致这种情况的主要原因是人们对"我能做出一门课吗？"这个问题充满疑虑。由于对课程生产持有固有印象，以及没有尝试过用课程形式做输出，很多工作经验丰富的人并不知道自己已经有可以做课的潜力了。

其实，一个工作了 3 年以上，能独立、高质量完成工作任务的职场人都可以做出好课程。特别是曾获得不错业绩的业务专家，他们已经积累了一些有用的知识资产，这些知识资产非常值得做成可反复学习的课程。

整体来说，一个新职业环境下的职场人可以拿来作为课程素材的知识资产包括三个层次。不同层次的知识资产做成的课程，对学员的影响也是不同的。

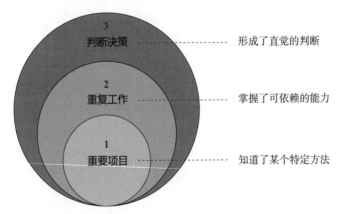

我们依次展开来介绍围绕这三层知识资产所做出的课程能给

学员提供的价值是什么。

第一层，当你能在工作中完整地完成一个重要项目，特别是以负责人的身份全程参与，这说明你可能从实践中知道了某个特定的工作方法，这个特定的工作方法就值得总结提炼并分享出来，给还没有做过的人提供参考和指导。

举几个具体案例来看。

○ ×年×月，你在某千万学员体量的App（应用程序）里参与搭建会员体系，并根据数据做学员分层运营。

○ ×年×月，你在某知识付费类公司举办了多场大型的新品发布线下活动。

○ ×年×月，你在某内容平台从0到1搭建了一个流量产品并取得了很好的转化效果。

以上这些重要项目的工作经历都可以做成课程。如果你所经手的项目还具备"标杆性质"，那么同行都愿意跟着学，比如策划出刷屏的营销案例，打造出长销三年的互联网课程，或者在头部公司负责过重要项目（比如苹果的代工厂管理、耐克的品控、海底捞的师徒制模式、华为的铁三角作战单元等），这些维度的加持，会让课程内容更有价值。

第二层，当你多次重复做同一项工作，而且能做到每次都有稳定产出时，说明你已掌握了一些可依赖的工作能力。这些工作能力会比单个的工作方法更稳定和复杂，可能已具备形成一套方法论的可能，如果能将其萃取出来，就可能会做出一门值得被长期学习的课程。

通常来说，这类课程都能够落地实操，而且能覆盖多种应用场景，这种课程是最受学员欢迎的，对学员的影响也比第一层有了明显提升。

比如你曾交付过 50 个项目、筛选过 1 000 份简历、面试过 100 名应聘者、制作过 300 个课时的线上课程等，这些重复性工作的背后，是你通过不断迭代和总结形成的那套方法论在帮助你，获得比其他人更好、更快、更出色的结果。这种能力一定是很多人都想"偷师"的，因此将其做成课程一定可以让很多人受益。

第三层，当你在某类工作或者某个领域里已经形成了下意识的判断决策能力，这个判断基本上已经成为一种直觉。一般是你在同一领域里历经了不同项目、不同场景下的长期考验与沉淀，才有可能达到这样的层次。

比如，只要快速看下课程就能判断出好不好卖；只要接触下客户就能判断好不好成单；你曾在多家公司工作，这些经历的积累使你不断进化出一套向上管理的方法要点，帮助你在职场沟通和晋升中如鱼得水；你作为互联网增长操盘手，多年来深扎校招面试辅导领域，非常熟悉目标用户，可以诊断出任何-1 至 1 岁互联网从业者在职业发展方面的疑难杂症；等等。

如果你有以上类似情况，就说明你可以仅凭直觉就做出一些判断，很多步骤已经完全内化，可以直接跳到结果。这种"庖丁解牛"的技艺其实很难说清楚道明白，不过如果能仔细萃取，课程的价值会非常大。当然，这也需要学员付出更多的努力来学习。

形成直觉判断的经验如果被充分萃取出来，形成方法论，并进行扩展和放大，对学员的影响最大，当然课程的开发难度也会比较高。

以上三层知识资产都是很值得沉淀下来做成课程的。只要做出来的课程质量不太差，对于有需要的学员都将有很大帮助。

在这本书里，我们之所以把课程生产的方法简化，正是想通过降低做课难度的方式，鼓励每个职场人在自己的职业成长过程中，让工作实践和内容输出相辅相成。在取得成绩的同时对外输出自己的工作经验，一方面可以做知识资产的沉淀，夯实个人能力，另一方面可以把这些有价值的工作经验沉淀下来，分享给更多人学习，促进行业的快速发展。

## 讲师能做哪些课程

通常来说，企业需要通过在线课程做经验沉淀的场景有两类：一类是业务专家在工作中实时的有效经验需要被推广和传承，但是线下分享不利于长期留存，需要用尽可能低的成本做出简单的在线课程；另一类是某些岗位对员工的能力要求变化得比较快，需要有成体系的课程帮助员工提升业务能力，但不一定能在外部购买到相关的课程，需要企业内业务人员自行生产。

站在学员角度来看：一方面，他们在日常工作中会遇到各种具体的问题，需要通过学习更多样的课程来解决问题；另一方面，他们有不断寻求职业晋升机会的需求，所以也需要通过系统且全面的学习，来整体提升自己的业务能力。

根据企业和学员的需求，我们把在线课程简单分为短周期和长周期两类，分别称为"知识小课"和"体系课程"。

| 类型 | 课程时长 | 课程内容 | 举例 |
|------|----------|----------|------|
| 知识小课 | 30 分钟至 2 小时 | 解决一类学员的一个或几个具体问题，让学员了解新的概念，掌握工作方法或工具 | 1. 如何做好信息流投放的数据分析 2. 技术岗位高效面试指南 |
| 体系课程 | 5 小时以上 | 系统解决有相同诉求的学员面临的多个问题，帮助学员提升岗位能力，或者掌握一项复杂的工作技能 | 1. 产品运营实战训练 2. 敏捷项目管理实战 |

若想解决一类学员的具体的单点问题，建议做小体量的知识小课。知识小课的生产相对简单，课程的内容时长多为 30 分钟至 2 小时，学员可以按主题进行选择和学习，快速学完后便可以应用在实际工作中。

对于想要系统地提升岗位能力的学员来说，他们需要能够支持应对一系列未知问题的课程，对此，讲师可以考虑生产一门体系课程。体系课程的生产相对复杂，课程的内容时长多为 5 小时以上，学员要拿出较多的时间、精力去学习和刻意练习。

两类课程既不是互斥关系，也不是单纯的累加关系：体系课程可以由知识小课组成，但不等于多个知识小课的简单拼凑。在一个课程方向下，某一知识内容既可以做成知识小课，也可以做成体系课程，讲师可以根据教学目标的不同，而决定采用哪个类型。

知识小课的课题相对简单，学员能简单应用即可，它比体系课程更灵活，讲师做起来会更轻松，学员学习起来压力也会更小。体系课程的课题相对比较复杂，需要学员深度掌握，因此它的价值会比知识小课更高，对讲师的要求也会更高。

如下图所示，知识小课是新讲师最容易切入的课程类型。一般来说，具有 3 年以上工作经验的职场人就可以尝试做多门知识小课，具备大概 5 年以上工作经验的业务专家才有能力去做一门体系课程。而如果掌握了知识小课的设计能力，平时做分享的课程质量会更高，做成体系课程也更容易。

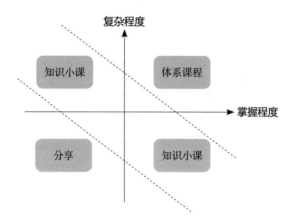

## 学员需要什么样的课程

如果把课程看作一个产品，那产品的用户就是学员。因此，理解学员的学习场景是讲师理解整个课程生产过程的核心。

　　成人学习最有效的方式一定是致用式学习，而不是以知识为中心的学习。当学员在工作中遇到一个此前没有经历过的问题时，通常会找人询问或查资料，这两种是更快捷的解决方式，而课程则是更系统的解决方式。

　　站在学员的角度来看，一个完整的学习旅途如下图所示。

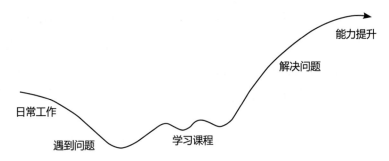

　　我们可以了解到，从学员的需求出发，只有能给他们带来实际帮助、对业绩有正向效果的课程，才是好的课程。也就是说，好的课程需要确保当学员在日常工作中遇到问题时，通过学习能获得他们最想要的知识，令他们学完就能应用在工作中，从而助力职业成长。

　　具体来讲，学员愿意学习的好课程包含以下三个特点。

○　首先，课程是以解决具体工作问题而存在的。所以，好的课程一定要明确能够帮助学员解决什么问题，解决到什么程度，以及怎么确保学员学完之后能解决这些问题。

○　其次，课程所交付的方法是可被依赖的。所以，好的课程所教授的方法论是很清楚的，学员能明确地抓住课程的重点，知道怎么应用这些方法，还能判断应用效果。

○ 最后，学员在学习课程的过程中体验是友好的。所以，好的课程能够让学员顺畅地、人性化地完成学习过程，学完之后可以有很强的收获感。

上面的标准是一门优秀课程所应该具备的，也是我们在课程生产过程中要时刻谨记的，要不断以这些标准来评估课程的质量。

不过需要注意的是，对于学员来说，相比于线下课程，他们对于在线课程的收获感要求更高。就算在线下课程中没学到东西，认识一些人也是好的。而学员在线上学习时，会把所有关注点都放在内容上，因此在线课程需要从内容上确保能给学员更多收获感。

如果在线课程具备以下几点，价值感会更容易传达给学员。

○ 课程的目标明确：学员时刻知道课程中有什么方法能帮助他们解决什么问题。

○ 课程的脉络清晰：章节之间有明确的主线，具备有章可循的流程和顺序。

○ 课程的逻辑严谨：每一节课程的学习过程设计基本一致，学员在观看和学习过程中不会有跳跃感。

○ 课程有具体案例：有真实的案例、工作场景和明确的解决过程，学员可以自行代入。

○ 课程工具可落地：每章有一个或多个明确可以辅助决策或继

续向下开展行动的工具或方法。

○　课后练习可巩固：学与练相结合，课程内容能辅助学员完成
　　基本练习。


　　如果你对生产课程胸有成竹，认为以上这么多要求其实也很
容易解决的话，你可能会想"不就是做个课吗，我经验那么丰富，
肯定没问题"，或者"我的课程知识特别硬核，市面上还没有同类
课程，只要我讲出来，对学员肯定有非常大的帮助"，但请小心，
很多工作经验丰富的讲师恰恰经常掉进坑里。

　　在这些讲师心中，自己已经把最有用的经验、最硬核的干货
拿出来了，只要一股脑"喂"给学员，他们肯定满怀欣喜去学习。
但是事实上，从学员的视角来看，即使他们很愿意学习，但是在
学习过程中仍然会面临很多挑战。下图展示的便是学员要面对的
四大难关。

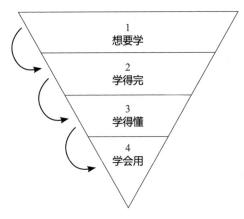

　　第一个关卡是："虽然我报名的时候觉得这个课程是自己需要

的，但当开始学习的时候却发现并不想学习。"学习是"反人性"的，很多人刚起步就放弃了，尤其当课程是免费的时候，更会被无情"抛弃"。很多数据显示，免费或低收费与高收费的完课率大约有 5 倍的差距。

第二个关卡是："我学了一会儿，由于觉得没意思、看不懂、时间太长了等原因，没耐心看完。"即使学员已经开始尝试学习了，也并不代表他们有耐心学完，要知道在网络上，关掉一个学习视频真的是再容易不过的事情了。有一个很有意思的现象，当视频网站上有热门影视剧开播时，在线学习平台的活跃率就会下降。

第三个关卡是："我终于听完了，但是感觉没听太明白，不理解课程到底教会了我什么。"有时候讲师自己讲得慷慨激昂，课程结束之后做调研，却发现学员并没有从课程中领会到讲师真正想要教的内容，要不就是说不出个所以然，要不就是一千个观众心里有一千个哈姆雷特。

第四个关卡是："感觉通过这次课程的学习，我学到了不少，但是在工作中完全不知道该怎么运用，好像就听了个热闹。"不同于其他认知类课程，新职业类在线课程需要切实地指导学员完成实际工作，学员是带着问题来的，如果学完课程之后发现并没有解决什么实际问题，那就是白学了。

以上这些关卡，一层层"阻挡"着想要学习的学员，就像个漏斗一样，令能体验到课程价值的学员变得越来越少。这就需要讲师在生产课程时，通过一些手段和方法来确保学员的学习质量，帮助学员顺利通过每个关卡，走完整个学习过程。

　　为什么好的课程很稀缺？因为它不仅需要解决学员的问题，还要能带着学员走完整个学习过程。接下来，我们就展开介绍做课的具体方法论。

## 课程如何生产出来

　　新职业类在线课程灵活性高、实用性强，并没有生产该类课程的教学大纲可以参考，因此它的生产方法也就不同于传统的课程。我们提炼出了一个新职业类在线课程设计双钻模型（见下图）[①]，展示了课程生产的全流程，用尽可能简单致用的方法，为讲师做出质量有保证的课程提供操作指导。

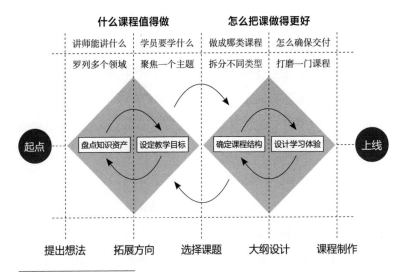

① 双钻模型由英国设计协会提出，用来描述设计过程的一种发散和聚合的思维。

这个全流程包含课程生产的四个关键步骤，是一个从发散到收敛，再从发散到收敛的过程，历经盘点知识资产、设定教学目标、确定课程结构、设计学习体验四个步骤。这四个步骤贯穿课程生产的核心阶段，只要处理好该阶段的关键问题，拿到相对应的重要产出，就可以做出一门质量不错的课程。

下面，我们一起来简单了解一下这四个步骤，这将使讲师对如何做出一门课程有个全局的概念，后续章节会详细展开讲解这套方法，包括在开发课程的四个阶段中需要注意的方方面面。

**第一步，盘点知识资产**。能做出什么课程取决于讲师能讲什么，也就是看其手里都积累了哪些知识资产。很多企业或者讲师并不知道自己都有哪些知识资产，以及这些知识资产是否有价值，或者怎么使其更有价值。盘点知识资产这一步骤的目的，就是辅助讲师梳理清楚自己能讲什么，应该讲什么。

这一步骤主要包括整理资料和给知识资产做优先级排序。讲师需要整理过往的工作经验，尽可能多地罗列出多个领域的工作任务，这些工作任务背后代表着讲师具备的经验。在制作体系课程的这一步中还要根据市场的接受度、工作的匹配度等来调整更有价值做成课程的方向。

**第二步，设定教学目标**。教学目标是讲师所设定的，学员通过学习课程最终要达成的目标，是一门课程得以成立的关键所在。教学目标是课程的北极星，会让讲师时刻明确课程是给谁讲的，解决什么问题，以及需要交付到什么程度。特别是在体系课程里，由于生产周期很长，教学目标的作用就尤为明显。

这一步骤要求讲师从众多做课方向里进行筛选，并明确聚焦到一个课题上，而难点在于讲师需要切换到学员的视角，需要足够精准地抓到学员的痛点，还要从为学员提供的解决方案中找出该课程的竞争优势。

第三步，确定课程结构。课程结构是一门课程的骨干，构成了课程的主体。合理的结构可以更好地支撑教学目标的实现，并确保学员的学习体验。一个课程主题下可以拆分出多个不同的课程类型，各类型课程在本书中都有相对应的结构可供选择，讲师要在这一步为自己的课程确定最合适的课程结构，并列出课程大纲。

从这一步开始，课程生产进入了深水区，讲师要深入地做自我萃取，反复打磨课程的方法论，最终形成一个完整的课程结构，便于指导后续的课程设计。

第四步，设计学习体验。最后一步，还需要从学员学习体验的角度做设计，确保学员可以学完课程并且有所收获。如果学员说有收获，其实包含两个层面，一个是学到了他想要学的内容，另一个是感觉到自己学到了东西。获得感既有客观的交付，也有主观的体验。讲师需要制作并打磨课程内容，并且做教学设计，这一步涉及的细节有很多，特别需要讲师投入时间扎扎实实做好。

不过，这一步的难度更多在于方法，只要掌握了正确实用的方法就不会很难。很多讲师第一次做课，难在完全不知道该怎么做，如果观摩到其他讲师的做课过程，或亲自做过一次就会感到简单很多。所以，我们建议新讲师在做知识小课时不断积累经验并练习，这会对后续做体系课程有很大的帮助。

总的来说，讲师通过前两步，即盘点知识资产和设定教学目标，来确定什么课程值得做；通过后两步，即确定课程结构和设计学习体验，来把控怎么把课程做得更好。

需要强调的是，这个模型里的每个步骤都是可以反复操作的。比如，如果发现教学目标无法确定，可以再次盘点知识资产，从中寻找课程方向；如果发现选定的课程结构无法支持教学目标，可以回到教学目标中来审视原本制定的目标是否合理；如果在设计学习体验时，发现课程结构需要调整，可以回到课程结构上重新选择。甚至，如果在打磨具体课程内容时发现完全做不下去了，可以重新审视原先选择的课题。

刚开始做课的新讲师，大概率是要来回反复实践和调整的，也正是在这个过程中，会逐渐建立课程生产的感觉。本书力求在讲解每个步骤时都给出翔实的操作原则和指导，协助讲师把每个步骤的产出做清楚，以此减少反复的次数，降低做课的成本。随着讲师课程生产经验的增长，对每个步骤的把控力会逐渐变强，做课就会越来越顺畅。

以上就是一门新职业类在线课程生产的基本流程。新讲师可以先通过双钻模型对课程生产有个大致了解。在接下来的章节中，我们会展开讲述每一个模块，并通过这个模型来指导完成知识小课和体系课程的生产。

# 新职业类
# 在线课程设计
# 双钻模型

不同于市面上已有的课程生产方法，对于新职业类在线课程，我们化繁为简，强调课程生产最基础的四个步骤：盘点知识资产、设定教学目标、确定课程结构、设计学习体验。

　　尽管万事开头难，但只要开始行动，走完一门课程生产的闭环，就会发现这个事情并非想象中那么困难，而且还挺有意思的。在做完一门课后，讲师还可以不断生产新的课程，在实践中逐渐提升课程质量，打造自己的课程产品。

　　下面，我们就逐一展开讲解这四个步骤的意义和操作方法。讲师可以根据这些详细的介绍，对每一步进行深入理解，并在后面几章的学习中进行应用。

## 第一步：盘点知识资产，找出值得做课的方向

　　盘点知识资产，其实就是讲师进行自我知识管理，梳理过往

经历并找到有价值的知识。结合知识资产的三个层次，我们来梳理那些值得做课的工作经历。

新职业类的课程必须根植于讲师自己亲身经历过的项目，不能仅仅靠研究了一些资料，根本没有实战经验就出来讲课程。如果自己都一知半解，没有认真考究，将这种半生不熟的知识拿来教给别人是很不负责任的。

讲师可以试着把盘点出的工作经历按照重要项目、重复工作、判断决策的类型整理出来。也许有的讲师还没有资历讲述判断决策程度的部分，没关系，可以把先有的沉淀下来。

这样分类的目的一方面是帮讲师从多个维度挖掘知识资产，也不用太计较具体应该归到哪一类；另一方面是方便讲师能更直观判断自己适合做哪种类型的课程。

对于做过的重要项目和重复工作，可以从中选取合适的课程方向做知识小课；而做体系课程则需要至少重复做过相关工作，最好是已经达到可以下意识做判断决策的程度。盘点完之后，对于自己都能做什么课程，讲师心里会有个初步的考量。

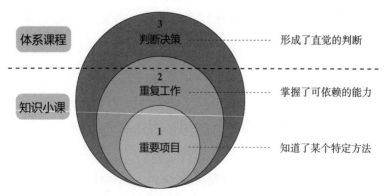

## 如何盘点知识资产

在盘点知识资产这一步骤中，讲师要从自己出发，尽可能多地梳理出有效资产。可以按照时间线来盘点，从近到远，如果工作经历距离当下时间已经较远，比如超过 3 年，很可能会丧失价值；也可以先梳理出自己几个大的能力模块，然后在这几个能力模块下细分出一些过往具体的工作任务、典型项目、独特的观察理解心得等。

讲师在梳理的过程中，可能会卡壳，有些事情会一时记不起来，导致梳理得不全面。有个小技巧：把你近期最新的简历拿出来，上面一定包含了对过往最重要工作经历的梳理；如果最近没有写简历，可以找出述职报告，或者翻出你的 KPI，其中都有具体的工作任务描述，可以通过这些来辅助你做整理。

另外，还可以快速问自己以下几个问题辅助回忆。

○　你曾在哪家公司工作过，工作了多长时间？

○　你曾做过什么岗位，解决过什么问题？

○　你曾做过什么项目，取得过什么成果？

○　你曾重复做了哪些工作，曾被人请教哪些问题？

○　你曾做过哪些知识或经验分享，甚至带他人做过分享？

随后，可以把盘点出的资产，包含各段工作经历和其中的工作任务，按照自己的喜好进行整理。也可以按照下表的方式来梳理，尽可能多地罗列出近 3 年的工作内容、完成的项目。

下表是一个讲师整理的自己的工作经历。

| 时间 | 公司 & 岗位 | 主要工作 | 主要成果 |
|---|---|---|---|
| × 年 × 月<br>— × 年 × 月 | 某教育公司运营总监 | 搭建、管理销售团队，提升微信社群转化 | 1. 把销售团队从 3 人带到 30 人，业绩增长 10 倍<br>2. 搭建了销转模型，转化率提升 50% |
| × 年 × 月<br>— × 年 × 月 | 某知识付费公司活动运营 | 通过举办线下沙龙获取新学员 | 一年举办 50 场线下沙龙活动，参与人数累计超过 5 000 人 |
| × 年 × 月<br>— × 年 × 月 | 某 To B（面向企业的商务模式）公司渠道运营 | 负责渠道拓展和管理 | 对 200 个渠道做了分层管理，优质渠道的贡献率翻了 5 倍 |

你可能会发现，盘点出来的工作任务有大有小，有的工作任务特别复杂，历经的时间也很长，有的则很简单，历经的时间很短。那应该写到什么程度呢？其实不用特别纠结颗粒度①，重要的是你是否把值得挖掘的工作任务列了出来。另外，如果整理的工作任务有以下几类，可以简单做拆分。

○ 一个工作的步骤繁多且相对独立，其中有需要重点关注的问题。
○ 一个工作从开始到完成的时长很长，比如需要半年以上。
○ 一个工作涉及的相关角色很多，其中有些角色的工作起到了关键作用。

拆分这些工作任务，主要是为了产出有价值的"话题"。比如，

① 颗粒度：互联网术语。颗粒度大表示更宏观、概括，颗粒度小表示更微观、注重细节。——编者注

该讲师在上表中提到的"搭建了销转模型，转化率提升 50%"，就可以拆分成"不同渠道的投放策略""高转化率的试听课设计""社群转化的路径""模型表盘的监控""销售团队转化 SOP（标准操作程序）的落地"等。

举个具体的案例。一个讲师在过往工作中发现设置指标体系是个非常重要的能力，基本上涵盖从公司的战略制定到项目的落地执行，他也总结了一套特殊心得，不过这个话题太大，还需要进一步拆分。

○  可以从重点问题拆分。比如，对增长团队的管理特别需要用到指标体系，因此可以拆分出话题"通过指标体系了解增长团队的工作重点"；针对不同产品的指标体系，方案会有所不同，搭建时需要注意，所以可以拆分出话题"常见产品类型的指标体系设计方案"；从工具使用的角度出发，话题可以是"用 Excel（电子表格）即可完成的产品指标健康度评测"。

○  可以从阶段拆分。比如，若是讲项目早期的指标体系搭建，话题可以拆分为"产品 MVP（最简可行化分析）的指标体系设计策略"。

○  可以从角色拆分。从老板的管理角度，话题可以折分为"构建投放 ROI（投资回报率）提升 3 倍的指标体系"；从产品经理的角度出发，话题可以折分为"产品经理如何设计客服类产品的指标体系""用 Tableau（数据可视化分析工具）构建指标体系工作看板"。

拆分完工作经历后，你应该已列出了很多工作任务。那么，哪些具有更适合做成课程的价值呢？我们可以站在课程的角度，通过以下几个维度把工作任务做个优先级的排序。

1. 看该经历最后发生的时间，离现在更近的优先；

2. 看工作达成的成果，影响更大的优先；

3. 看讲师在该工作中的参与度，全程负责的优先；

4. 看总结出的方法的可用性，为他人做过分享的优先；

5. 看经验、方法的稀缺性，有创新的优先。

下表给出了具体示例，以 1~5 分标注出了每个工作任务的优先级。5 分为最高级，表示该话题完全符合前文中提到的判断优先级的几个维度。分数越高的话题就是越值得做课的内容。当然，这种评估是带有一定主观性的，但不用太纠结，后续可以再回过来做调整。

| 类型 | 课程方向 | 可拆分的话题 | 优先级 |
|---|---|---|---|
| 重要项目 | 销售团队的管理 | 销售的招募、培训、激励、淘汰 | 3 |
| | 销转模型的搭建 | 不同渠道的投放、试听课的制作、社群转化的路径、模型表盘的监控、转化 SOP 的落地 | 5 |
| | 举办线下沙龙活动 | 沙龙的策划和落地、讲师的 BD（商务拓展）和维护 | 2 |
| | 渠道 BD 和管理 | 选取精准渠道、BD 渠道、渠道库维护 | 1 |
| 重复工作 | 不同类型教育公司增长策略的玩法 | 3 个不同阶段公司的增长侧重点、多种增长手段 | 5 |
| | 用 OKR（目标与关键成果法）制定目标和管理团队绩效 | 多部门的目标制定、共识、反馈 | 3 |
| | 用 Tableau 处理数据 | 做数据可视化、监控活动数据 | 2 |
| 判断决策 | 运营增长分析 | 可以快速诊断出业务增长策略的问题 | 4 |

盘点好的知识资产,可以在以后做其他课程时再次甚至反复使用,因此如果不是短时间内就要做出课程来,强烈建议你一定要非常认真地盘点自己过往的工作经历,后续每半年可以补充更新一次这个表格。你会发现,从做课程的角度梳理自己的工作经历会是一个全新的视角,能够帮助自己找出过往经历中那些非常有价值的地方。

## 第二步:设定教学目标,明确给谁交付什么成果

所谓的教学目标,需要回答以下三个问题。

○ 课程面向什么样的学员?
○ 解决学员哪些具体的业务问题?
○ 需要交付什么程度的学习成果?

对于一门课程来说,教学目标是非常重要的,确定清楚教学目标,就等于明确了课程生产的北极星。

当我们通过盘点自身的知识资产,知道了自己有哪些"存货"之后,就能知道课程的大致方向了。那么,要怎么将课程准确地介绍给学员,让他们只是看到课程介绍就特别想开始学习呢?这里就需要讲师给课程设定教学目标了,即要在众多课程方向下锁定一门课程的具体定位。

确定一个明确的教学目标，就是给学员一个学习这门课程的理由。设定好教学目标不仅能帮助讲师确定课程的目标学员，想清楚通过课程要达到怎样的学习结果，还可以帮助学员判断这门课程是否适合自己，学完是否可以解决自己的问题。

一门课程，其教学目标的清晰与否可以非常直观地从课程介绍中看出来。我们通过对比以下两个"时间管理训练营"的课程介绍来感受。

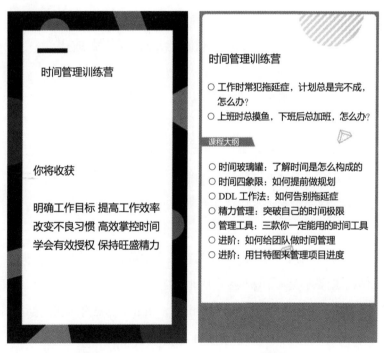

案例 1                                                    案例 2

这两个课程介绍的案例对比度还是很明显的，下表即是对这两个案例的具体分析。

| 教学目标 | 案例 1 | 案例 2 |
|---|---|---|
| 给什么样的学员 | 指向不清楚，不同的人看到的感觉是不同的 | 前面列出的两大工作中的现象，学员画像比较清楚 |
| 解决什么问题 | 不知道具体可以解决学员什么问题 | 可以看出能解决"不知道怎么做规划""如何应对拖延症""如何给团队做时间管理"等常见问题 |
| 交付怎样的学习成果 | 虽然列出了可能的收获，但是基本上都是虚词 | 通过课程大纲能了解课程内容，有明确的收获预期。比如，有 DDL（死线）工作法、时间工具、甘特图等 |

合理地设定教学目标，是课程生产中优先级最高的工作。很多课程想要迎合学员速成的心愿，期望让不了解某个技能的学员一下子就能熟练掌握该项技能，比如标题是"15 分钟让新手从入门到精通"的课程，讲师可能会认为这样的标题会显得课程很厉害，能深入浅出地让学员快速掌握到知识。但是，请理智地想一想，用 15 分钟就能从入门到精通的课程，如果不是针对特别小的工作技能，那一定只是走马观花、蜻蜓点水式的教学，毕竟谁也不是无崖子，靠传内力就能给别人授以毕生功力。一次分享就让初学者成为老手，在职业类课程里肯定是不可实现的。

有些课程总想要"大而全"，为了显示课程的完整性，试图覆盖所有的人群，觉得这样才有吸引力。于是，课程内容分布得很均匀，比如前三章讲基础概念，后三章再深入讲核心方法论，想着概念给初入门的人听，方法论给有经验的人听。但是我们可以想象一下，一个有经验的人来学这门课程，却发现还要学习大量的已知信息，一定还没听完前三章就跑掉了。

无论试图一步登天，还是试图覆盖所有人，都是没有合理设计教学目标的体现，即不知道要给谁解决什么问题。

除此之外，刚开始做课的讲师，一般还会走入以下几个误区。

○ "我觉得我讲的是方法论，但学员反馈只是认知。"
○ "我要想把一个知识讲透，就得给'小白'讲底层逻辑。"
○ "讲底层逻辑的课程高大上，人人都适合听。"

思考一下，以上这些观点是否跟你之前想的一样？如果你已经走入上述误区，可能是因为没有考虑好下面几个问题："我的课程是给谁讲的""课程要解决什么问题"，以及"讲到这个程度他们能理解吗"。这些问题恰恰才是学员选择一门课的真正原因。

然而，在实际操作中，特别对于新手讲师，可能一开始会因为本身存在知识盲区，在教学目标的设定上不会那么准确。但是没关系，如果在后面的课程生产过程中发现原先设定的教学目标并不能帮助学员实现学习目的，可以随时回到设定教学目标的步骤上进行反思，快速修正后再继续做下去。但假如没有明确教学目标，讲师直接开始做课，很有可能刚做出一点就发现课程内容跑偏了，而且也不知道怎么拉回来，最后即使把课程做出来了，学员反馈也不会特别好。

一个讲师发现邮件模板特别好用，可以让学员远离口头向产品经理提需求的非专业做法，于是，他想做一门主题为"如何通过写邮件让产品经理理解需求"的知识小课。但对于这门课是具体给谁做的、解决哪些细分问题、要交付什么学习成果，他都没有考虑，课程内容仅仅是站在产品经理的角度居高临下地要求业务方遵从，这种课程在定位上就出了偏差。

我们来帮他设定一下教学目标，即明确给什么样的学员，交付什么样的学习成果。

假设这门课是给业务部门同事讲的，那么主题可以转换成"如何提出产品经理无法拒绝的需求"，即课程的重点是讲清楚产品经理是如何理解需求的，并给出一个用邮件提需求的模板，帮助业务方更准确反馈问题，提出更高质量的需求。

**教学目标包含哪些维度**

说到教学目标，在《教学技术与媒体》（高等教育出版社 2008 年版）中有 ABCD 学习目标模型，提出了四个要素，即受众（audience）、行为（behavior）、条件（condition）、程度（degree），这四个要素可以支持教学目标的设定。

在本书中，我们将以上知识简化一下，变成两个部分。

○　受众与条件：面向什么环境下的哪类学员。
○　行为与程度：通过什么动作交付怎样的成果。

以上两个问题基本上就是讲师在生产课程时提纲挈领的问题，也包含了一个学员从起点到终点的学习过程。讲师脑海里应该有这些关键问题组成的节点：初始学习时学员是一个什么样的状态，学习到中途时他们要收获哪些成果，最终学完课程后要达到怎样一种状态。

面向什么环境下的哪类学员

讲师在做课的过程中，很容易陷入知识的茧房里，一旦知道了某事，就无法想象这件事在未知者眼中的样子："我就是这么想的，很简单啊，凭感觉判断下就可以了。"事实上，在学员面前，这是个很难跨越的鸿沟，而让讲师走出这个茧房的方法，就是不断把自己代入目标学员的场景里去思考。

注意，一门新职业类课程不可能覆盖所有人，没有任何一门课程是万能药，不要试图让一门课程既对新人有帮助，又对行家有启发，特别是学习时长较短的知识小课，一定要找到在此课程主题下，对标的那一类目标学员。找到了细分领域，这个课程可能更会获得学员的好口碑。

我们可以简单把目标学员分为"没概念"、"有了解"、"有经验"和"资深"四类，每一类顾名思义，对应的是他们对于该课程主题的掌握程度，跟他们本身的工作年限和能力无关。

| 目标学员类型 | 说明 |
|---|---|
| 没概念 | 学员完全没听过课程要讲的主题，或者仅仅有一些认知，但是道听途说的 |
| 有了解 | 学员对课程所讲的主题已经进行了初步的了解，可能是看过一些资料，或是听过行业大咖的科普，对于基础概念、操作有所了解 |
| 有经验 | 学员不仅对课题做了了解，还亲自做了一些实践，并在其中沉淀了一些经验（无论是失败的还是成功的经验） |
| 资深 | 学员在课程所讲的主题下已经反复做过实践，从时间和经历上都有积累，甚至在反复实践中已经形成了一套自己的认知或方法 |

举个例子，下面是"产品经理岗位课"的学员分层描述，可以据此更具体地理解每个层级的含义。

| 目标学员类型 | 说明 |
| --- | --- |
| 没概念 | 没有工作经历的大学生群体，对产品经理岗位不了解 |
| 有了解 | 想从事产品工作，之前学过一些相关课程；有工作经验，但想转行从事产品工作 |
| 有经验 | 1."野路子"产品经理：没被人系统地带过，打拼多年（1~3年），正在或已经负责过一款产品（或大产品的主要模块），想要让工作方法更有套路、更稳定<br>2.产品经理：已经能比较稳定地完成基础产品工作，希望从事更具挑战性、复杂性的产品工作 |
| 资深 | 产品总监：可以独立负责研究、策划、设计等工作，并完善公司的各个产品，还能带产品团队 |

通过什么动作交付怎样的成果

课程有了目标学员，相当于锚定了一个起点，学员在完成课程之后就相当于走到了终点，会获得一个对应的学习成果。

新职业类课程旨在解决学员工作中的具体问题，讲师要清楚学员在做这些工作时可能会遇到的所有问题，这样的思考可以帮助讲师梳理清楚所要讲解的知识点，也可以让学员明白学习课程对他们来说意味着什么，他们也会更有动力去完成课程。

讲师还可以根据学员当前的问题规划他们在学习课程中要完成哪些动作，拿到哪些结果，从而确保学员能实现最终的学习目标。有些课程需要学员必须听完全部课程，做完所有训练，通过评测才算完成了课程；有些课程则不然，将内容听完即可，不需要做练习，对达成教学目标也不影响。

举个具体案例。一个刚做新媒体的新人每次写文章时都很痛苦，憋半天都写不出来，有一门相关的课程能带学员熟悉一篇爆款文章的写作特点，了解几类常见文章的结构和写法，以及掌握一套写作模板，那么这个新人在学完这门课程后至少可以写出一篇较为合格的文章。这就是从起点到终点交付的学习成果。

对于同一个课题，要解决的学员问题不同，要交付的学习成果也会不同。要想让新媒体新人能写出一篇文章，可以教他们简单应用一种写作技巧；也可以讲爆款文章的几类特点，让他们基本知道一些写作和构思逻辑；还可以让新人掌握稳定生产优质文章的能力，具备运营一个公众号的能力。不同的学习成果，对应学员掌握知识的不同程度。

美国当代教育家本杰明·布鲁姆在自己首创的"教育目标分类法"中，针对学员学习知识的精通程度，划分为六个层面的学习成果：记住、理解、应用、分析、评价和创造。这六层让教学目标更明确，让讲师可以借此思考"什么值得教、该怎么教、如何测评结果"等问题，促进了课程内容交付的有效性。

为了更好理解，我们把这六层做了简化，并代入了工作场景，将课程交付给学员的学习成果分为"基本知道""深刻理解""简单应用"和"熟练掌握"四层，依次深入，分别对应讲师想让目标学员对课程里讲述的知识掌握到什么程度，也就是要从原本的初始状态达到怎样的理想状态。

我们通过下表具体解释一下这几层学习成果的含义。

| 交付程度 | 说明 |
|---|---|
| 基本知道 | 通过学习课程，学员能知道某个概念、方法及对应可使用的工具，对于这些有初步的认知，并且可以讲清楚其背后的原理 |
| 深刻理解 | 通过学习课程，学员除了对某个概念、方法及对应可使用的工具有深入的了解，还知道它们的应用场景以及基础的操作流程 |
| 简单应用 | 通过学习课程，学员要能应用课程中的方法、工具，并能按照课程指导完成实际产出，以此来解决他们在工作上的具体问题 |
| 熟练掌握 | 通过学习课程和反复训练，学员能熟练掌握某项工作技能，甚至带来工作行为上的改变，这相当于学员具备了一段实践经历，能将技能应用于复杂的环境中 |

下表展现的是"产品经理入门课"的教学目标，从中我们可以看到，该课程的讲师在不同章节里明确了学员需要达到什么程度的学习成果，这才算是完成了教学目标的设定。

| 章节 | 交付程度 | 教学目标 |
|---|---|---|
| 不同阶段产品关注点的差异 | 基本知道 | 能够建立起对于产品经理岗位的认知，在未来择业和进阶的时候知道努力的方向 |
| 如何用产品视角看产品 | 深刻理解 | 养成用产品视角、学员视角看同一个产品的意识。能在拿到一个产品的时候快速从产品、学员两个角度进行分析 |
| 如何通过学员反馈了解学员的需求 | 简单应用 | 掌握不同渠道下产品经理获取需求的方法，以及从问题中抽象出关键信息并总结需求的能力 |
| 如何做不同类型产品的调研 | 熟练掌握 | 掌握功能点调研、独立产品调研的方法，在此基础上能在多个产品之间进行对比。最终有输出一份逻辑清晰的调研报告的能力 |

## 结合教学目标设计课程

在设定教学目标时，前文提到的"受众与条件"和"行为与程度"这两个问题是无法分离开的，要把两个问题结合起来看。搞清楚课程"面向什么环境下的哪类学员""通过什么动作交付怎样的成果"，就能弄懂课程的学习路径，也会影响对课程的内容体量、学习方式的设计，从而直接决定课程如何生产。

如下图所示，我们可以将目标学员状态（X轴）和学习成果目标（Y轴）设计为一个坐标轴，根据坐标不同，交织出一些不同的维度。

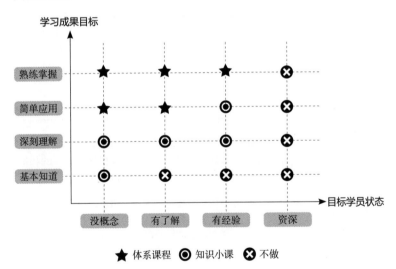

该坐标轴上的叉号、圆点和五角星，是根据对应课程交付的难度所建议的是否可做课，以及做成什么课的标识。叉号代表不需要交付，没必要做成课程；圆点代表交付起来比较容易，一般用一门知识小课或一个章节的篇幅就能完成交付；五角星代表交

付起来会难一些，需要有较大篇幅的内容，一般要做成一门体系课程才能完成交付。

当然，这样的划分并不是绝对的，只是让讲师在心里有个概念性认知，大概知道在给什么层级的学员交付什么程度的学习成果时会面临怎样的交付难度。

具体来说，要使在某个领域"没概念"的学员达到"基本知道"或"深刻理解"的程度，一般用一门知识小课就可以，不需要长篇大论地讲，这样可以节省学员的时间；但是如果要达到"简单应用"或"熟练掌握"的程度，便不能指望一门知识小课就能讲清楚，而需要设计一门专项的体系课程，因为要交付的知识点会很多。

知识点是这个课程里所要讲述的内容，可以是概念、方法、理论、观点等，教学目标需要由多个具体的知识点来支撑。

那么，讲师如何评估课程里的各个知识点应该交付到哪个程度呢？下面，我们将前文提到的四个程度的学习成果详细展开，看一看为了达成不同的程度，课程会对学员有哪些要求；同时为了支持学员拿到对应的学习成果，讲师自己要满足什么要求。

| 学习成果 | 基本知道 | 深刻理解 | 简单应用 | 熟练掌握 |
|---|---|---|---|---|
| 对讲师的评估 | 做过 | 反复做过 | 可稳定产出成果 | 成功带过新人 |
| 对学员的要求 | 知道概念、方法、工具，以及原理 | 了解流程中的实现步骤，熟悉案例 | 可以跟着步骤做出关键成果，且能自检 | 参与实战训练，获得反馈 |

第一层，要交付"基本知道"的学习成果，学员要能基本知道课程所讲的基础概念、方法或工具，以及背后的原理。而讲师至少需要进行过深度思考，最好亲自尝试过课程中所讲的内容，只有真正做过才能切实地明白事情是怎么回事，也才能给学员讲明白。

第二层，要交付"深刻理解"的学习成果，学员要深刻理解流程中的每一步是怎么实现的，还需要通过案例来熟悉和巩固。在这一层，讲师不仅仅要做过课程所讲的内容，还要反复做过，"反复"意味着课程里流程步骤的有效性是被验证过的。

第三层，要交付"简单应用"的学习成果，学员要跟着步骤一步步把关键成果做出来，而且要能自检出是否合格，这样才算能简单应用某个方法论、工具。因此，课程要明确给出流程里的关键成果长什么样子，是怎么做出来的，以及自检标准是什么。这就需要讲师不仅要反复做过相关内容，还要已经能稳定产出成果，除了知道每个步骤应该怎么做、达到什么程度才算完成，还要对每个步骤的成果进行预测和管理。

第四层，要交付"熟练掌握"的学习成果，学员需要参与实战训练，并通过反馈不断修订知识和收获，才能达到这一程度。除了课程内容的教学之外，往往还需要加入训练环节，比如学员提交练习题作业，讲师审阅并给出反馈。这一层对讲师的要求比较高，不仅要自己能做成，还要曾带别人做过，特别是曾成功带出过新人，只有拥有这样的经验，才能知道新人在使用课程学习成果的过程中，会面临哪些特殊的问题，以及可以如何处理。

刚开始做课时，对课程的设计还没有体感的讲师，可以根据自身的工作经历，通过上述的方法做一个大致的评估，定位出自己可以使学员获得什么程度的学习成果。

**所有知识点为教学目标服务**

在一门课程里，特别是在体系课程中会包含多个知识点，讲师可以针对各个知识点确定不同程度的阶段性学习成果，相当于将其作为一个个路标，目的都是为了让最后的学习成果达成。

下表是"互联网业务数据实战课"中"数据分析之精细化运营的关键"部分的教学目标，每个知识点下都会设计学员的掌握程度。

| 章节 | 知识点和重要交付物 | 掌握程度 | 章节教学目标 |
|---|---|---|---|
| 数据分析的价值 | 1. 数据分析的价值<br>2. 数据分析的2个基本原则<br>3. 数据指标的拆解思路 | 深刻理解 | 1. 帮助学员树立"对数据负责""通过数据分析解决实际业务问题"的思维方式，能够有意识地明确自己业务的关键指标并进行拆解<br>2. 了解三类常见的数据指标拆解思路，并能够在实际业务中，有意识地运用数据分析的通用思路，尝试思考问题、定义问题，甚至找到解决特定问题的思路和方案 |
| 几类常见数据指标的拆解思路 | 1. 不同类型产品的常见关键数据指标<br>2. 公众号粉丝、活动粉丝指标拆解<br>3. DAU（日活跃用户数量）指标拆解<br>4. 收入指标拆解 | 简单应用 | |
| 结合历史数据，找到业务增长的发力点 | 1. 业务数据分析的通用思路<br>2. 对业务重要指标的监控 | 熟练掌握 | |
| 结合历史投放数据，筛选渠道 | 1. 理解渠道<br>2. 厘清业务模式与渠道关键数据指标的关系 | 简单应用 | |
| 异常数据指标的判断和分析 | 1. 监控数据<br>2. 判定异常数据指标背后的原因 | 熟练掌握 | |

当知识点比较多时，讲师需要对重点知识进行强调，确保一个章节里的内容有张有弛，主次分明。通常来讲，一个新职业类课程会更重视"简单应用"和"熟练掌握"这两层的教学目标，比如，给"有了解"的学员交付一个知识点，如果要达到"简单应用"，一定要引导学员进行实操并通过具体产出和成果来验证其是否掌握方法论，这是非常重要的。至于其中涉及的基础概念，"有了解"的学员可能都知道，因此简单提一下即可，并不需要讲太多。

如果讲师还想要分享一些有效的小技巧，以更好地帮助学员实践课程中的方法，可以做个额外讲解以给学员一些启发，不必浓墨重彩地写到课程主干里，不然分支太多反而会有喧宾夺主的负面效果，而且会干扰到学员的学习主线。

举个具体的案例。

我们要给有一些活动运营实践经验的运营人员讲一门"如何做好一场大型品牌活动"的课程。通过观察，我们发现学员可能面临三个问题。

○  从零开始做一场大型活动，需要明确如何制定活动策略、设计活动玩法的思路，确定一个完整的方案，并且能将方案落地，以达成业务目标。

○  学员没有做活动的思路和创意，因此如何找到适合自己产品特性和业务目标的活动，并高效地模仿和落地也是一个需要解决的问题。

○  学员在一家大公司里做运营，公司拥有自己成熟的中台系统，需要解决怎么运用中台系统不断地推陈出新、上线更多活动的问题。

针对以上这三个问题，我们可以从课程的教学目标出发，如果想让"有经验"的学员能"简单应用"方法论，能做出一场大型品牌活动，那么第一个问题肯定是重点，讲师要引导设定出做大型活动的完整步骤，并确保学员跟着步骤能把关键成果做出来，且能自检是否合格；第二个问题仅"深刻理解"即可，讲师可引用一些案例来讲解，有助于学员扩宽思路；至于第三个问题，讲师让学员"基本知道"大公司有自己的玩法即可，不需要着重讲。

## 第三步：确定课程结构，给予学员学习预期

课程结构是一门课程的骨架，因此被称为课程大纲，也相当于一本书的目录。一门知识小课的课程结构指的就是它的内容小节，一门体系课程的课程结构则包含章与节。

学员是否能被真正吸引住，主要看课程结构是否吸引人，例如是否切中学员的实际需求，是否构架丰满、设计独特等。一般来说，学员在选择课程时，内心会进行以下评估。

○　课程学完能帮我做到什么？

○　为什么我要学这么多内容？

○　该课程的知识能解决我正面临的什么问题？

○　这门课跟市面上其他课有什么不同？

　　因此，课程结构要简明扼要、清晰明确地解决以上学员的顾虑，给予学员非常明确的学习预期。

　　一般来说，优秀的课程结构由四个要点组成：

　　第一，与教学目标紧密相关，从学员痛点出发；

　　第二，知识点之间有清晰的逻辑关系，主次分明；

　　第三，能够通俗地向学员传达出课程的差异性亮点；

　　第四，能够具体地向学员展示通过学习该课程能获得什么。

　　课程结构设置的目的是帮助学员理解和明确课程的教学目标，让他们知道需要学习哪些知识点。为了更好地让学员理解，讲师在设计课程结构时一般会把知识点与应用场景进行关联，明确学员学习课程后可以用什么知识点解决什么具体应用场景下的问题，以及这些知识点在实际业务场景中如何应用落地，从而说服学员相信该课程能为他们的日常工作提供帮助。以下表为例。

| 章 | 节 | 知识点 & 掌握程度 |
|---|---|---|
| 第一章　如何判断产品适合什么样的销转模型 | 1.1 从全局视角看转化的本质<br>1.2 总结常见的销转模型<br>1.3 决定销转类型的 N 大核心因素<br>1.4 拆解爆款引流小课<br>资料：各公司教育产品布局图谱<br>练习题：为自己的引流小课选取课程形式和定价策略 | 1. 在线教育的三种形态（基本知道）<br>2. 不同班型转化优势的对比（深刻理解）<br>3. 拆解引流小课模型的方法（简单应用） |

（续表）

| 章 | 节 | 知识点 & 掌握程度 |
|---|---|---|
| 第二章　如何从 0 到 1 完成销转模型的闭环设计（上） | 2.1 销转模型设计的三大核心要素<br>2.2 从 3 个维度挖掘引流小课的说服逻辑<br>2.3 2 张表格构建数据漏斗，高效管理用户成长路径<br>2.4 用好 1+2+N 搭建工具，搞定销转模型触点设计框架<br>**练习题**：从 0 到 1 搭建一个销转模型 | 1. 销转模型设计的核心要素（深刻理解）<br>2. 说服逻辑的决策公式（深刻理解）<br>3. 1+2+N 搭建工具（熟练掌握） |
| 第三章　如何从 0 到 1 完成销转模型的闭环设计（下） | 3.1 制作社群转化 SOP 模板<br>3.2 执行跟进的细节<br>3.3 各教育赛道引流小课销转设计实例 | 社群转化的步骤：建立框架、打磨框架、应用触点地图、建立相关话术集（熟练掌握） |
| 第四章　精细化运营：提升转化率的 N 大核心必杀技 | 4.1 个人销售能力提升<br>4.2 8 个重点环节运营<br>4.3 用户分层运营<br>**加餐**：提升续费率的 N 个技巧<br>**练习题**：以提升转化率为目标，迭代一门运营引流小课的重点环节运营 | 1. 一对一场景下如何促成产品成交（深刻理解）<br>2. 进群环节、开营仪式、上课环节、练习题环节、闭营仪式、社群活跃、转化环节、朋友圈运营（简单应用） |

　　从上表可以看出该课程分为四个章节。第一章的知识点是帮助学员判断自己的产品适合什么样的销转模型。第二章和第三章的知识点是帮助零经验的学员学会从 0 到 1 完成销转模型的闭环设计。第四章的知识点是在学员完成模型的搭建之后，教授做精细化运营需要提升转化率的几大核心必杀技。

　　从章节结构上可以看出，这些知识点的逻辑关系是按流程串联的，遵循从基础搭建到精细化运营的原则，前面的内容学完才可以开始后面的学习，整个课程结构覆盖了小课销转全周期各阶段所要面临的问题，可以支撑本课程的教学目标，让学员做到从 0 到 1 搭建引流小课销转模型。

## 把工作经验交付给学员

讲师们在讲课的时候，最常走入的误区就是把自己的经验直接讲出来，觉得自己就是这么过来的，别人听完自己的经验之后应该能借鉴一番。这种想法会让新讲师在课程生产出来之后，收到"听不懂""没学会""听完就忘了""记不住"等不符合自己预期的反馈结果。

出现这种反馈的背后原因大多在于讲师所讲的工作经验没有被学员清晰地接收到，甚至在讲解过程中，讲师可能会不自觉地省略和跳跃，导致学员根本无法理解。

这是很常见的情况，我们常常会陷入知识的茧房里，一旦知道了某个事情，就无法想象他人不知道该事时的状态。大多数人在日常工作中，锻炼的能力是解决问题的能力，很少会刻意去总结方法论，遇到问题直接上手解决就是了。即使我们平时有给别人做分享的习惯，大部分时候也只停留在分享经验上，但是事实上，如果想将自己的工作经验传输给对方作为可用的知识，需要一个转换的过程。

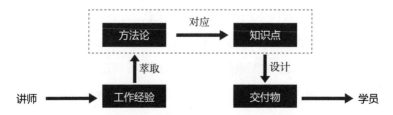

讲师不断从工作实践中积累经验，从这些宝贵的工作经验中萃取出可依赖的方法论，这些方法论对应着课程里所讲的知识点，为了让学员掌握这些知识点，讲师便需要设计交付物来传达。

方法论指的是从工作经验中抽象总结出的可依赖的、能被反复用于解决问题的一套完整方法。大家对于知识点应该不陌生，前文中反复提到过，是学员在课程中需要学习的重要内容，包含所讲授的概念、方法论。而交付物可能很多人没听过，是交付给学员学习的具体工具、方案模板、判断模型等，可以将它理解为知识点的成果，是学员最终从课程中收获的东西。

举个例子。一个有 5 年经验的活动运营，通过举办各种各样的活动积累了丰富的工作经验，知道一套如何做好线下大型品牌活动的方法论，其中的如何设计活动创意、如何做活动预算、如何选择场地和供应商、如何做活动执行等都是知识点，交付物就是线下活动的流程、活动方案、活动预算表、活动执行表等具体的东西。

讲师在制定课程结构时，容易低估或高估自己对某个知识点的掌握程度。为了让课程结构更扎实，我们会建议讲师在出了一版课程结构之后，把知识点的重要交付物也设计出来，以此来呈现学员学习该知识点后能收获什么成果。

打磨交付物是新职业类课程制作中非常关键的动作，清晰的交付物将对后面的课程设计环节有很好的支持。

在数量上，核心交付物可以是一个或几个。在知识小课中，一般有 1~3 个；在体系课程中，每个章节都会有 1~3 个。

从工作经验中萃取方法论

让经验可被习得是新职业类课程的价值，但很多新讲师在从个人的工作经验中萃取通用方法论时，会遇到很多困难。在日常工作中，为了保证工作的效率，我们会倾向于借助过往经验做事，这些经验存在于我们的脑海中，甚至融入了肌肉记忆中，但常常难以直接表达出来，所以如果不做知识萃取的话，根本无法将其教给学员。

怎么才算是把经验变成了方法呢？经验是一个比较宽泛、偏观点的内容，比如，对于讲如何写一篇好的文案，讲师或许会说"不能上来就写，写之前需要明确文章的策略"，这就是经验之谈，但学员是不知道到底要怎么做的，所以，针对"如何明确你的文案策略"这个问题，讲师要给出具体步骤。

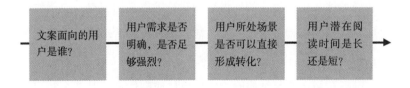

方法论可以继续往下挖，直到挖到目标学员学了之后解决了心中困惑，可以按照方法进行实践的地步。

比如，上图给出了四个步骤，还需要继续针对每一步做判断，让学员知道后续具体的动作。比如在"用户需求是否明确，是否强烈"这个问题下，我们可以继续拆解，根据用户需求的种类，给出对应的文案策略。

| 需求的种类 | 文案策略 |
|---|---|
| 明确，自主的刚需 | 解答用户的疑惑，说服用户 |
| 较弱，可有可无 | 通过更精细的场景植入，在对应特定的场景下激发用户的欲望 |
| 用户倾向于认为没有需求 | 制造某种认知失衡，重构用户的认知 |

如果将讲师多年积累下来的知识库看作是一个"面"的话，那么萃取出的方法论就是在这个面内部贯穿的支撑其不变形的"线"，找到这些线是有难度的，最好的方法就是通过学员的问题来做知识萃取。关于知识萃取的部分，推荐大家阅读孙波老师的《最佳实践萃取》一书，其中有非常实用的技巧。

以下问题清单，可以帮助讲师做深入的自我萃取。

| 问题方向 | 具体问题 |
|---|---|
| 问流程 | 1. 你是怎么一步步解决这个问题的<br>2. 新人在解决这个问题的过程中，他的老板会重点关注和把控哪几个节点 |
| 问产出 | 1. 这件事情有什么交付物吗，比如需求文档、策划方案、排期表、调研报告等<br>2. 怎么判断这件事情完成了 |
| 问难点 | 1. 没经验的人经常会卡壳或者犯错误的地方有哪些<br>2. 第一次做这件事情的时候，会在哪个环节耗时最长？在哪个环节返工最多？在哪个环节最需要别人支援<br>3. 新手和老手的区别是什么<br>4. 做得好和做得不好的区别是什么 |
| 问价值 | 1. 这个方法相比其他方法的好处在哪里<br>2. 为什么这个问题是要这么做，而不是那么做呢 |
| 问区别 | 1. 在不同情景、不同条件下解决这件事的方法步骤有什么区别<br>2. 过程中的哪些因素会对最终结果带来不同的影响<br>3. To B 和 To C（面向终端客户的商务模式）有区别吗<br>4. 在一个公司的不同发展阶段下，解决这件事的方法有区别吗 |

以一个名为"活动运营"的课程为例，其中有一个"如何做好活动排期表"的知识，可套用上面的问题。

| 问题方向 | 具体问题 |
|---|---|
| 问产出 | 1. 这件事情有什么交付物吗，比如需求文档、策划方案、排期表、调研报告等<br>2. 怎么判断这件事情完成了<br>3. 活动排期表长什么样子？有过往的活动排期表可以借鉴吗<br>4. 什么样的活动排期算是好的呢 |
| 问难点 | 1. 做活动排期的时候，新手常遇到的问题是什么<br>2. 新手做排期表一般常犯的错误是什么<br>3. 每个公司过往都有活动数据吗，若是没有怎么办呢<br>4. 会不会有些公司即使做过活动了，也没有数据呢<br>5. 在现实生活中，各个公司的数据都是清晰的吗<br>6. 一个没有经验的人怎么知道哪里有活动呢 |
| 问价值 | 1. 这个月活动目标的达成，对活动排期表的影响有多大<br>2. 活动排期是每个人都会做的吗，一般在公司会由谁来负责这个事情呢 |
| 问区别 | 1. 每个月的活动排期表差距大吗？哪些因素会对其产生影响？每个月都要重新做一次吗<br>2. 为什么将活动分成这三类，行业内都是这么区分的吗？这三类活动有什么区别呢<br>3. 公司在不同的发展阶段下，对活动的选择会不同吗？创业公司比较适合做哪类活动呢<br>4. 客户所属行业不同，对活动类型的选择有影响吗？金融行业、教育行业的选择会有不同吗<br>5. 不同活动的线索获取质量受什么影响呢？为什么有些活动就能获得 10 个线索 |

把方法论变成知识点

如前文所说，成年人不会无目的地去学习一个方法，学员来上课是想解决实际工作问题的，如果讲师提供的课程刚好提供了解决方法，这个方法就可以马上被应用起来。讲师需要把自己的一套方法论拆解成对应的知识点，这些知识点是要跟工作场景紧密结合的。

　　一套方法论是否有效，也与它是否能提供足够的解决问题的知识点有关。以下图为例，待解决的问题为"如何为产品写出好文案"，学员需要掌握的知识点是流程中的"找到潜在卖点的三个维度""明确文案策略的三个步骤""文案内容成稿的四步法"。

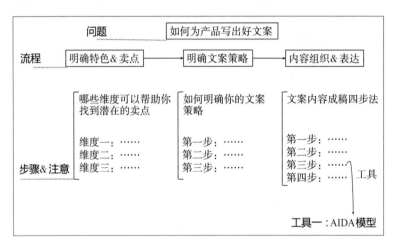

　　讲师将课程的目标用户在日常工作的场景中可能遇到的一些典型陌生问题（比如让一个从来没写过转化文案的人写一篇售卖产品的文案）拆解成他们更易理解的子问题，再针对每个子问题教授一个解决方法，通过这种方式带着学员把陌生的新问题转化成能理解的解决方案。

　　最好代入一些案例来帮助学员理解，并验证方法论的可行性。如果方法论没走通，要么需要重新定义问题，要么需要重新调整方法论。

把知识点做成可交付的工具

很多课程做到上面一步就止步了，但是对于新职业类课程的学员来说，需要一个拿来即用的工具，帮助他们模仿出解决问题的做法，在模仿中拿到结果，领悟其中的逻辑并最终变成自己的经验。

比如，让一个新人筹办一场大型线下品牌活动，其中邀请嘉宾的环节，如果只告诉新人活动需要邀请有吸引力的嘉宾是不够的。对于邀请什么样有吸引力的嘉宾，以及怎么才能邀请到这些嘉宾、其中需要注意什么，他们可能都不清楚，然而这些问题在资深的活动运营人员心里已是驾轻就熟，靠直觉就可以判断出来。但新人没有过往经验，无法形成这个直觉，在实际操作中便无从下手。

当然，学员也可以通过观察或者反复实践，形成自己的经验，不过这需要时间，也会走一些弯路。如果讲师能站在学员的角度去思考，给出详细的指导，提炼一套关于邀请嘉宾的方法论，就能更高效地解决新人面临的这些问题。

比如，我们可以根据以下的问题，补充一些工具交付给学员。

○ 针对"这是一个什么样的发布会，适合请什么样的嘉宾"的问题，可以给一个判断的小工具，把发布会类型和嘉宾类型做匹配，或者把发布会的举办目的和嘉宾形象做匹配。

○ 针对"预算不够，怎么请到嘉宾"的问题，可以总结一些说服嘉宾的技巧和话术，以及成功案例。

○ 针对"怎么运营嘉宾，来达到超预期的活动效果"的问题，可以给到学员一套嘉宾运营的 SOP。

○ 针对"嘉宾临时有时间调整，在原定时间无法参与活动，应
   该怎么办"的问题，可以给一个突发情况的应变补救方案。

○ 针对"与嘉宾合作之后，如何进行长期运营"的问题，可以
   给到嘉宾库的模板和日常维护方案。

讲师要把内容交付到以上这么具体的层面，对于学员来说才
是真正有用的，是可以拿来直接指导实际工作的。

举一个具体的交付物的例子，在"新媒体进阶课"的课程里，
有一章是教有一定经验的新媒体人如何给自己的公众号做定位。

我们可以先拆解出知识点，明确公众号定位的实现步骤。给
一个公众号做定位需要知道该公众号要针对哪些人群，以什么样
的形式，输出怎样独特的内容。课程通过四个维度，即分析公众
号、分析市场、分析用户需求，以及后期运营来回答这些问题。

在"通过用户需求分析，确定运营方向"中，有个"用户分
析"的知识点，讲师提供了一个"积木模型"工具（如下图）。在
课程中，讲师带着学员制作了一遍这个模型，详细讲解了每个操
作步骤和需要考虑的点，学员跟着讲师的操作，也能针对自己的
公众号做出一个积木模型来分析用户的特性。

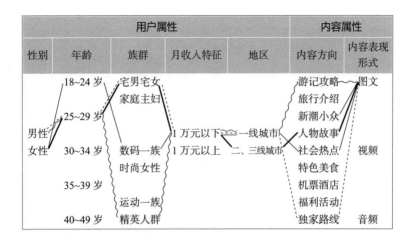

　　总的来说，通过深入的用户调研和自我萃取，讲师会获得大量问题。可以先横向整理出解决问题的工作流程和步骤，再纵向挖掘学员在流程的每个步骤中会面临到的困难，结合这些过程给出解决方案，以及完成该步骤需要实现的产出结果，按照这个逻辑走完全流程。最后检查该流程是否可以回答所有重要的问题。

　　1.梳理出解决问题的一套工作流程。

　　讲师先整理收集来的大量问题，这些问题的解决方案的工作流程有些是标准的，有些是非标准的。

　　比如做数据分析的工作流程相对标准，学员要做的就是按照步骤完成动作，每一步都是线性递进的，完成上一步就可继续下一步。然而，像文案写作这样的工作流程相对非标，如果对其中某些步骤做出不同的操作方式，可能会导致前面的步骤也需要调整和修改，如曝光渠道、文案长短的不同会影响卖点的选择，需要重点梳理出其中可能会影响结果的因素，确保最终结果能稳定达成。

有效的萃取不仅要梳理出工作流程中的每个步骤，还要确保学员可以完成每个步骤，这就要求讲师对于每个步骤中存在的变量有深入理解。对于比较难梳理的非标准工作流程，可以梳理出问题中的核心成果，据此列出一个简单粗略的工作步骤。

以"制定一个新产品的营销策略"为例，可确定出制定策略、选择媒介和渠道、完成策略方案三个步骤。随后再拆解：在具体落地的应用过程中需要处理哪些问题；面对那些典型场景，哪些环节存在多种判断；可依靠的判断是什么，不同的判断会带来哪些影响。这些梳理工作可以为学员走完每一步保驾护航。

2. 重点打磨工作流程中的关键步骤。

关键步骤指的是在你明显比别人、比自己之前采用的流程难度低，且能让效率提高的步骤中，用到的独特工具、方法，以及可能别人不太关注，但其实在细微之处可以做得更好的步骤。

那些约定俗成的流程、框架，展开介绍一下即可，要找出跟最终交付物直接相关的核心步骤，确定那些不做不行、不可缺少的重要步骤。

不过，讲师需要注意，重要步骤虽然重要，也不要过度钻入细节，把小技巧当成独门技巧，喧宾夺主。所有的知识点都是以支持学员完成任务为目的的。

3. 明确给出各步骤中的交付物。

一般是以实体为主，有文档、方案、原型、Demo（小样），或者结论、判断的理由，用来指导步骤的开展、解决问题、拿到结果以及判断结果。

## 第四步：设计学习体验，加强学员收获感

这一步包含课程内容的制作和呈现，很多讲师认为做课就是把 PPT 做出来，对着讲就行，甚至有的讲师认为可以先把课讲出来，后面补个 PPT 就行。这样的课程生产方式都是不可取的，如果我们前面都做了那么多工作，最后做出来的课程却不好好设计，很容易埋没好内容，因为学员可能都没有学完。

回想一下前面提到的内容，学员在学习在线课程时会遇到很多困难，为了确保最后的课程成品能被学员更好地接受和吸收，我们需要做一些"以学员为中心"的学习体验设计。

我们需要针对学员面对的困难去做设计，确保学员能学完、学好一门在线课程。下面以一门知识小课为例，来讲解设计在线课程学习体验需要考虑的地方，以此来帮助讲师理解。

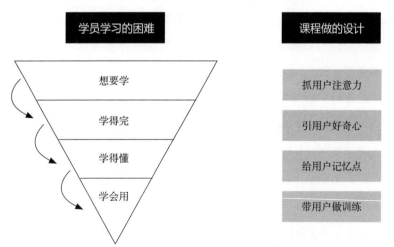

在引导学员"想要学"的部分，主要看课程的引入是否吸引

人，学员的注意力是非常稀缺的，讲师应该用尽浑身解数抓住学员的注意力。一般来说，提问题是吸引学员注意力的好办法，在线上课程中，讲师没有办法与学员直接互动，但是可以在讲课时提一个最关键的问题，尽量把问题的背景讲清楚，可以采用一些提问工具。

在引导学员"学得完"的部分，主要靠课程的整体设计，做到整场下来都牢牢吸引着学员的好奇心。犹如一部电影，节奏设计得好很重要，太紧绷或太松弛都不好。针对一门课程来说，不能一上来就讲很多知识点，这样学员没有办法消化；也不能只讲案例而迟迟不讲知识点，这样学员容易失去耐心。讲师要处理好案例和知识点的搭配，做到张弛有度。

在知识点的讲解上，可以针对一个知识点做一些延展。在线下课程中，讲师可以结合现场大多数学员的反应，补充背景或增加案例来确保知识点能够讲清楚；但是在线上，讲师无法照顾到每个人，这就要求讲师一定要紧紧围绕核心知识点去讲，一些基础概念、补充信息都可以点到为止，或者直接省略，让学员自行查阅。

为了讲清楚知识点，需要配以案例。在案例的选择上，需要考虑到案例的普适性，选择大多数人理解起来都没有障碍的案例，而且案例要尽可能严谨，因为一旦该课完成录制传播出去，影响面会很大。

在引导学员"学得懂"的部分，知识点和交付物要清晰，给学员画重点，重点强调，反复强调，直到学员真正接收到。在在线课程的学习中，学员接收的信息是线性的，若是结构太复杂就会感到混乱，可以靠课程交付物的呈现（我们称之为设置截屏点）加深学员的记忆。

一般在 20~30 分钟的课程里，每 5 分钟作为一个小阶段，就要给到学员一个收获。如果课程的基础结构是"引入、主体、收尾"三段式，有个 2 ：5 ：3 的参考比例，引入要快而准，留时间给主体，遵从峰终定律，收尾时可以多讲讲，加深学员的收获感。

在引导学员"学会用"的部分，主要是打磨可落地的方法论，引导学员做一些应用上的练习。但并不是所有内容都需要。如果是新知类，或者是案例分享类内容，把知识点讲清楚就好了。但如果是技能类内容，就需要把方法论的每一步都详细讲解清楚，打磨可被复用的交付物，在收尾的环节中，讲师应该告知学员如何在自己的工作中应用课程所学，最好能直接给到他们拿来即用的工具或建议。

以上便是一门在线课程在设计学习体验时需要注意的小技巧。其实，这一步的核心还是要回归到"以学员为中心"上，时刻站在学员的角度，给他们打造前行的脚手架，帮助他们顺利完成一段学习旅程。

# 如何

# 生产一门

# 知识小课

知识小课，可以解决一类学员的一个或几个具体工作问题。

很多人会忽视知识小课的重要性，其实对于一个普通的职场人来说，做知识小课是最有助于自己沉淀知识和提升影响力的。最重要的是，每个职场人都可以随时做，且不用付出太高成本。熟练之后就能越做越快，越做越多，最终积累成自己的财富。

不同于直播分享，知识小课不需要话题非常吸睛或者讲师背景非常有噱头，只要讲师把内容做扎实，就有反复观看的价值，能够形成长尾效应。不用担心不符合用户需求，一个职场人每天在工作中会遇到各种各样的任务，有很多是他们第一次面对，虽然有的人可以很幸运地找到前辈请教，但大多数人是靠自己摸索。试想一下，你不断把自己过往的经验做成课程，就会给这些人很大帮助。

不同于体系课程这样生产成本比较高的大课，知识小课的生产成本相对较低，讲师可以非常快速地做出成品。按过往经验来说，如果新讲师集中精力进行生产，用1周时间完全可以做一门质量还不错的知识小课。等到讲师对课程生产的流程熟练之后，3天左右就能生产一门知识小课。

知识小课可以是一个独立课程，也可以成为后续体系课程的一部分。

**知识小课的主题相对聚焦**

知识小课的时长一般在 30 分钟到 2 小时之间，因为篇幅有限，讲师只聚焦于解决一个细分的业务问题、讲解一个具体的工具、介绍一个与工作有实际关系的概念。

讲师可以从盘点的知识资产里找到一些小的切入点，作为知识小课的课程主题。比如以下较为轻快的话题：怎么写产品上线邮件、如何准备一场项目启动会、如何准备一个 30 分钟的分享。

**知识小课的交付难度更小**

在教学目标的设定上，知识小课一般不必要做特别复杂的教学设计，无须确保学员达到"熟练掌握"的程度。

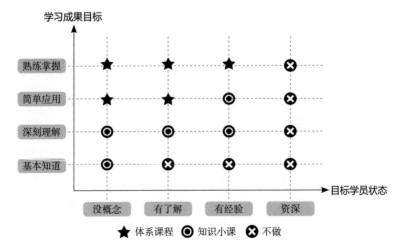

以下课程案例，可以帮助你感受一门知识小课的交付程度。

○ 没概念—深刻理解：敏捷开发的四种形式。

○ 有了解—深刻理解：深入了解研发部门的敏捷流程。

○ 有经验—简单应用：如何开好敏捷开发的复盘会？

## 知识小课的设计过程

　　课程设计按前文中讲到的双钻模型进行操作。下面我们先来看一个完整的案例，即一个在业务数据分析领域的讲师，在做课时如何完成模型中的四个步骤，以及都产出了哪些内容。

**第一步：盘点知识资产**

| 工作经历 | 可选话题 |
|---|---|
| 曾任职于某大厂的数据产品负责人，负责大数据平台建设、学员增长平台建设、A/B 测试（分离测试）平台建设等 | 1. 数据采集的概念和埋点方案选型<br>2. 增长产品业务数据大屏设计<br>3. 利用第三方平台搭建 A/B 测试环境 |
| 在数据中台、数据分析、学员画像平台、学员增长平台等方面有丰富的实操和管理经验 | 1. 基于用户画像分层搭建自动化推送策略<br>2. 增长转化率仪表盘的设计需求方法<br>3. 面向高管的数据表盘怎么做 |

**第二步：设定教学目标，选择"数据采集概念和埋点方案选型"作为知识小课的主题**

| 课程选题 | 数据采集概念和埋点方案选型 |
|---|---|
| 课程类型 | 工作方法类 |
| 教学目标 | 目标学员是刚开始接触业务数据分析的产品经理，学员学完后可以熟练掌握数据采集的目的和来源，以及埋点数据处理流程和埋点方案选型，能够看懂每个数据指标是如何统计的，不再对数据的原理一无所知。当开发一个产品的新功能时，能够根据业务数据需求，梳理数据采集流程，拆解数据埋点，设计数据埋点方案 |
| 难易程度 | 难，前期需要了解数据埋点，已经能进行基本的数据分析工作 |

**第三步：确定课程结构为工作方法类，用"总—分—总"结构来讲解内容**

| 课程选题 | | 数据采集概念和埋点方案选型 |
|---|---|---|
| 课程类型 | | 工作方法类 |
| 教学目标 | | 见上表 |
| 课程结构 | 总 | 1. 数据采集在工作中的三种常见问题<br>2. 数据采集的关键流程 |
| | 分 | 第一步：分析业务端的数据需求<br>第二步：数据埋点设计与选型（重点）<br>第三步：数据埋点需求怎么提<br>第四步：数据验证保证准确性 |
| | 总 | 1. 数据采集自检清单<br>2. 错误的自查方法 |

**第四步：在设计学习体验时，为了让学员收获感更强，呈现数据埋点设计的行为事件五要素**

| WHO | 对行为发起的主体进行标识，一般使用产品业务系统中的用户名进行标识，但如果并不是业务系统记录的用户，我们也需要给用户一个匿名 |
|---|---|
| WHEN | 行为触发的具体时间，一般会精细到毫秒级别，一般 SDK（软件开发工具包）会自动进行采集 |
| WHERE | 一般在应用中记录行为发生的地点，如：IP（网际互连协议）、国家、省份、城市。具体到应用上，还应该采集一些设备的相关信息，如：操作系统、设备型号、设备厂商、应用版本等 |
| HOW | 用户发起行为的具体方式。一般已经包含在行为名称当中，比如点击某按钮。也有一些行为可以通过多种方式实现，比如一个操作可以通过点击，也可以通过手势实现的时候，最终确定的方式就是一种可以记录的信息 |
| WHAT | 此处指用户的具体行为的内容。比如用户的行为是购买了一件商品，那么具体就是指"购买的商品是什么、价格是多少、款式是怎样的"等信息 |

通过上面这个案例，新讲师可以对生产一门知识小课有个全面的认知。

在知识小课的生产过程中，讲师要想尽办法推进下一个步骤，甚至不用过于追求完美，做知识小课更多是为了练手，掌握了这套可不断复用的课程生产方法论，讲师就可以长期通过课程形式来输出内容了。

## 知识小课有哪些类型

为了辅助新讲师更快速代入自己的经历，我们从学员需求的角度，把知识小课分为三种常见的课程类型。这个分类比较简单，仅为了辅助新讲师进行快速判断。

○ 新知新见类：是讲师对某个领域深入观察的总结，能够帮助学员了解新概念、新现象。对于学员来说，不会期待学完该课后会有什么实际的作用，了解新事物即可。

○ 工作方法类：这是讲师拿出自己重复使用的、被多次验证有效的方法，帮助学员解决实际工作问题的课程。学员对课程的期待是在工作中碰到问题时，能够马上将课上所学的知识用于实践。

○ 工具实操类：讲师把工作中需要用到的软件、功能使用方法等整理成课程，让学员能跟着进行实操，帮助学员完成工作或者提升工作效率。对于学员来说，他的期待是学完后可直接使用该工具，有可见的成果。

## 新知新见类知识小课

　　新知新见类知识小课，能够让学员了解行业或岗位的某个新知识或新见解，从而帮学员打开视野，扩宽思路，满足好奇心等。通常是讲师通过实践，或者深入观察的一些总结。这个总结的成果应该是较为稀缺的，要么能揭示更底层的逻辑，令人豁然开朗，要么能另辟蹊径，做到独树一帜。

　　新知新见类的课程结构，讲清楚"Why、What"就可以，主要帮助学员拓宽见识，从而带来一些启发。大概包含以下内容。

### 新出现的概念、新技术或者新产品

　　所谓新，不一定是市场上刚刚出现的，而是对于学员来说，可能还没有太多接触过的知识，比如机器学习在电商网站支付欺诈识别中的应用，切入了一个新的应用场景，介绍了机器学习怎么支持反欺诈。学员不一定马上就会在工作中使用，但是可以通过课程了解一个新的技术。

　　常见工具的新玩法也可以，比如 A/B 测试在数据驱动运营项目中的应用。应该很多人都知道 A/B 测试，但是怎么拿这个工具来驱动项目，是很多人没有想到的，如果讲师做过一些尝试，就可以把观察和总结分享出来。

### 各种底层思维

　　底层思维偏向软技能，可能并不直接指向工作内容，但是可以对工作的方方面面起到支持作用，比如数据思维、结构化思维、学员思维等。

　　虽然跟工作并不直接相关，但是讲这些思维还是不能脱离工作场景，要把相对比较虚的知识跟具体的工作场景相结合，使学员更好理解。比如讲"产品生命周期背后的互联网运营逻辑""结构化思维在交互设计中的应用"等，让学员从解决工作问题的角度来掌握底层思维。相反，如果一门知识小课的主题是"一门课搞懂数据指标"，学员就很难代入。

### 介绍新的工作方式、工作流程

　　这类内容是讲师观察到的一些先进的工作方法、工作流程，以及能够造成信息差的内容。比如"硅谷公司是怎么样做 A/B 测试的"，大多数人可能了解 A/B 测试，但是不知道硅谷公司是怎么做的，即使知道了也不会直接拿来用，但是学员会好奇头部公司的做法。

　　再比如"三步教你玩转社群营销"，可能你在这门课中总结了很多家社群营销的玩法，提炼了一套通用性的步骤，而你只需要介绍清楚每个步骤是什么即可。

### 个人工作经历的分享和感悟

　　很多人做过一些成功项目，或者拥有一些独特经历，可能还没有提炼出可依赖的方法，但这些经历因为很稀缺，也有讲出来的价值，可以让学员通过了解你的个人经历增长见识。

　　比如"B2B（企业对企业的商务模式）业务数据驱动如何做"

这门课就值得一做。B2B 业务流程操作复杂，数据很难记录，如果讲师能科普下如何用数据驱动业务，对这个行业的人就很有借鉴意义。再比如"从 0 到 1 搭建数据团队"，可能你没有完全从 0 开始搭建过，但是如果能较为完整地总结出从 0 搭建需要遵循什么样的流程，并且跟有经验的人交流确认过，就可以做出小课给别人参考。

观察到的现象、趋势或案例

我们在工作中常常会去做一些案例分析或者竞品调研，从而对市场进行分析判断，考虑到这些内容的即时性，可能会将其做成直播进行分享，不过有些内容变化得没有那么快，值得一段时间内被反复观看，这些就值得做成一门知识小课。

比如讲今日头条、知乎等内容型产品怎么进行冷启动的、知识图谱在几大热门垂直行业中的应用等内容，有些企业会鼓励员工批量生产，不仅有助于公司业务发展，也有助于员工自我提升。

明确：概念怎么讲会更有价值

在新技术的快速发展之下，各个行业都面临很多变化，每年都会冒出很多新事物、新概念，围绕这些新鲜事物去做课是个不错的选择，但需要讲师抓住最好的时机。

比如，在 2015 年 OKR 刚开始兴起的时候去讲 OKR 工作法是没问题的，但是如果现在讲师还在讲同样的内容，可能就没什么竞争力了。并不是说 OKR 就不值得讲了，而是这个新概念已经经过多年的洗礼，大家对概念并不陌生，缺乏的是如何在不同岗位、不同场景下应用这个方法。

　　一个概念并不是只有在刚出现的时候才有讲的必要，很多我们习以为常的概念、话题依然可以被拿来做成课程，但需要认真细致地挖掘出它们的价值。

　　下图是一个概念的生命周期，分为引入期、推广期、普及期和创新期四个阶段。

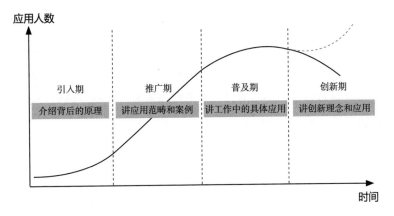

当一个概念被刚刚引入市场时，很多人都没有听说过，并且大多数人并不清楚这个概念是什么，为什么会出现，具体能被应用于哪里，以及可以对工作有什么帮助。讲师可以作为一个"传播者"，重点介绍新概念背后的原理，让更多人认识、了解它的存在。

　　当已经有人开始在工作场景中应用这个概念，并取得了一些成绩时，就进入了概念的推广期。讲师可能曾是这个概念的"实践者"，或者曾观察到其他"实践者"的案例，如此便可以在这个时期给学员介绍该概念的应用范畴和成功案例，号召更多的人开始在工作中将其应用起来。

当大众都接受了这个概念，并且有大量的人开始有意识想要学习和应用时，便到了概念的普及期。在这个时候，讲师就不应该再把关注点放在概念本身的应用上来，而是要重点去讲这个概念在工作中已经验证成功的具体应用场景，更细分地切入目标学员的工作中。

最后，当这个概念已经被广泛应用，成为大家工作中的标配时，讲师可以讲一些围绕概念的创新理念和创新应用，例如一些不断推陈出新的前沿知识和技术，可以让学员窥见未来的方向。下表提供了具体的例子。

| 阶段 | 举例 |
|---|---|
| 引入期 | 1. 对视频号的发展趋势及生命周期的解读<br>2. 中台解析：架构演进趋势<br>3. AI（人工智能）时代的新机遇：知识图谱技术 |
| 推广期 | 1. 知识图谱在几大热门垂直行业中的应用<br>2. AI 前沿技术及行业创业应用<br>3. 硅谷科技公司都是这样做 A/B 测试的 |
| 普及期 | 1. 区块链技术在金融行业的应用剖析<br>2. A/B 测试在数据驱动运营项目中的应用<br>3. OKR 在企业级新产品研发、推广阶段的应用 |
| 创新期 | 1. 5G 技术（第五代移动通信技术）及行业创新应用<br>2. 数字领导力：数字化转型赋能领导变革 |

## 工作方法类知识小课

工作方法类知识小课，需要能帮助学员解决工作中的一个具体业务问题，比如"解决刁难型客诉的五步法""通过业务评估来管理需求优先级"等。

需要再次强调的是，这类课程向学员讲解的工作方法可以是公认的，也可以是自创的，但必须是讲师亲自实践过的，最好本人已做过3次以上，排除了运气成分。要避免只是把个人观察糅到工作经历里，向学员输出一个似是而非的方法论，自己都没有弄明白的知识是无法教会学员的。

我们将此类课程分为两种：一种是自己独创或者微创新的方法，已多次在实践中取得较好的成果；另一种是公认的经典模型或方法，讲师已将其熟练地应用在自己的实践中，并取得了不错的成绩。

独门秘方：自己独创的工具、方法

不同于其他发展得很成熟的职业，新职业由于沉淀较少，其工作方法大多是由从业者边实践边总结而来的，这也意味着，很多方法可能就是从业者自创的，是他们在工作中经过多次实践，自己总结的行之有效的方法，只要该方法不完全依赖特定人、特定环境，具备可迁移性，就值得沉淀下来对外做课讲解。

比如，一个产品经理在写了很多次数据埋点的文档之后，找到了更科学、更高效的方法，他就可以将其提炼出来给新入行的产品经理。再比如，一个MCN（网红经纪公司）机构的运营，在某个平台上做了多个百万粉丝的视频号，深谙如何在该平台打造容易爆火的人设，这些就值得总结下来做成一门课程。

经典理论：把业界经典的理论进行应用和延伸

很多大家比较熟悉的经典理论，可能曾在工具书上看过，比如 OKR、金字塔原理、SWOT（企业战略分析方法）等，讲师可以向学员介绍这些经典方法模型在工作中如何落地应用，如何能提升工作效率，并拿到不错的结果。

比如，AARRR（用户生命周期）的漏斗模型是通用的，讲师可以结合自己的行业经验，讲一讲这个增长模型如何应用于教育行业。再如，PDCA（戴明环）是管理学中的常用模型，讲师可以把自己应用过该模型的具体产出物拿出来，展示给中型互联网企业的中层人员，为他们讲解如何做团队管理。

## 工具实操类知识小课

生产工具实操类知识小课，要么是为了"扫盲"，要么是为了让学员可以应用。这类小课所提供的一些新兴或常用的重要工具、语言也可以让非技术人才在日常工作中提升工作效率。比如"使用 Python（一种计算机编程语言）写一个爬虫""从 CRM（客户关系管理）中如何管理商机"等课程。

为了让学员能熟练应用一个工具，讲师会在这类课程中展示一些可用于工作的软件和语言，或者是使用第三方工具的操作方法，并且使学员学完之后能做出实体成果。讲师应该对所教授的工具非常熟悉，确保学员在同等条件的环境下能够复现成果，按照方法一步步掌握工具的操作，或者通过学习工具的新应用场景，提升工作效率。

工具、软件的基础操作介绍

这类课程主要是给非技术的业务人员"扫盲",让学员能快速入门、了解一些重点功能模块,比如从零起步学会使用 Tableau,掌握基础的操作方法。这些课程一方面可以满足业务人员的工作需要,另一方面也有助于提升他们跟技术人员之间的沟通质量。

工具、软件在工作场景中的应用

这类课程具备应用性质,需要讲师有曾借助某个工具出色地完成了工作,提升了工作效率的经验。比如用 Tableau 做出了可视化的数据资料,给上级做出了清晰易懂的汇报文件。或者利用爬虫技术,不需要多么复杂的操作就能抓取网页数据,节省了非常多的时间。

## 知识小课第一步:盘点知识资产

知识小课的生产难度比较小,建议讲师先抛开脑子里那些对课程的假设,也不需要对知识资产预先做"审判",比如担心这个课程有没有人感兴趣、这个方法其他公司能不能复用等。

讲师在盘点知识小课所需的知识资产时不用考虑太多,直接从自身的经历出发,过往做过的重要项目、重复工作都可以拿来做知识小课。只要这些知识资产能挖掘出有价值的切入点,就值得继续输出。

讲师先准备好在学习本书第二章内容时已梳理出来的知识资产，据此做一个课程方向清单，把自己的知识资产转换为值得做课的方向。可以根据由近至远的时间顺序，客观地盘点自己过往的工作经历，把主要工作和成果整理出来，这一步可以让我们正视自己的能力，不会过于高估或低估自己。下表可用于整理知识资产。

| 时间 | 公司＆岗位 | 主要工作 | 主要成果 |
|---|---|---|---|
| ×年×月— ×年×月 | 公司和岗位名称 | 完成了哪些项目、背负哪些指标 | 取得了哪些显著的成绩 |
| ×年×月— ×年×月 | …… | …… | …… |

然后，讲师可以从自己的工作经历中，根据以下维度，拆分出值得做课的话题。

1. 看该经历最后发生的时间，离现在更近的优先；

2. 看工作达成的成果，影响更大的优先；

3. 看讲师在该工作中的参与度，全程负责的优先；

4. 看总结出的方法的可用性，为他人做过分享的优先；

5. 看经验、方法的稀缺性，有创新的优先。

另外，记得将拆分出的话题标注优先级，如下表所示。

| 类型 | 课程方向 | 拆分话题 | 优先级 |
|---|---|---|---|
| 资产分类 | 值得继续往下做的课程方向 | 拟定一个课程的话题 | 1~5分 |

最终，讲师按优先级顺序将话题汇总成一个课程方向的清单，以备下一步骤的开展。汇总的清单可参考下表，这张表单在后面

做课程介绍时也可以用到。

| 工作经历 | 可选的课程方向 |
|---|---|
| × 年 × 月—× 年 × 月，在 × 公司，负责 × 工作，做过 × 项目，获得 × 成绩 | 课程方向的内容和拆分的话题 |
| × 年 × 月—× 年 × 月，…… | …… |

为了更直观地理解，讲师可以回顾一下本章在"知识小课的设计过程"中呈现的知识资产盘点案例，作为参考，如下表所示。

| 工作经历 | 可选话题 |
|---|---|
| 曾任职于某大厂的数据产品负责人，负责大数据平台建设、学员增长平台建设、A/B 测试平台建设等 | 1. 数据采集的概念和埋点方案选型<br>2. 增长产品业务数据大屏设计<br>3. 利用第三方平台搭建 A/B 测试环境 |
| 在数据中台、数据分析、学员画像平台、学员增长平台等方面有丰富的实操和管理经验 | 1. 基于用户画像分层搭建自动化推送策略<br>2. 增长转化率仪表盘的设计需求方法<br>3. 面向高管的数据表盘怎么做 |

以上步骤已被拆解得非常详细，并给出了具体模板，主要是为了引导新讲师进行充分的思考，不遗漏信息。步骤熟练掌握以后，讲师就可以只做最后的汇总清单，直接结合个人的工作经历找出可选择的课程话题，或者可以根据自己的熟练程度来选择以上工具。但我们建议，新讲师做课的时候不要操之过急，把有些看似很简单的动作做到位，对于后续步骤的开展会更有利。

## 总结一下

在盘点知识小课的知识资产时，讲师只要梳理清楚自己的工作经历就好，这一步骤可以做得详细一些，尽可能多地列出有机会做课程的方向。

**练习一下**

　　1. 盘点自己过往的工作经历。

　　2. 找到可以做课的话题。

　　3. 按照下面的模板，整理一个课程方向的清单。

| 工作经历 | 可选的课程方向 |
|---|---|
|  |  |
|  |  |
|  |  |

## 知识小课第二步：设定教学目标

　　简单来说，设定教学目标是为了给课程一个明确的定位，其中讲师需要自我回答的问题有：这门课可以给谁提供什么价值，学员学完之后能做什么事情，对学员来说这个课程难度如何，需要具备什么知识储备才可以学这门课，以及这门课不适合谁。

　　如果讲师已经从自己的工作经历中找到了非常多的课程话题，那教学目标就起到了帮讲师聚焦的目的。可以套用以下这几个问题，来选择和确定课程的一个教学目标。

○ 目标学员是谁？他们具备怎样的背景情况，面临哪些具体
问题？

○ 课程需要交付什么程度的学习结果？学员在学完之后可以如
何应用学习成果？

○ 课程时间大概是多少分钟？包含哪些重要的内容？

讲师可以将以上问题看作是填空题，将其填写出来即可得到
知识小课的教学目标。

| 课程选题 | 课程的标题 |
|---|---|
| 课程类型 | 是哪一类的课程（新知新见类、工作方法类、工具实操类） |
| 教学目标 | 给什么样的学员，交付什么学习成果 |
| 难易程度 | 课程的难度如何，对学员有什么要求 |
| 学习难点 | 对于目标学员来说，课程的难易程度怎么样；本课程可能不适合哪些人群 |

我们可以通过以下两个案例来了解讲师在设定教学目标时，
需要考虑的因素，以及撰写的方法。

课程"自动化社群营销的工具详解"的教学目标如下。

| 课程选题 | 自动化社群营销的工具详解 |
|---|---|
| 课程类型 | 新知新见类 |
| 目标学员 | 传统公司的市场营销人员 |
| 教学目标 | 可以通过观察知道自动化社群营销的流程套路，能针对"快消""虚拟商品""零售"等相关领域设计出一套简单的自动化营销框架 |
| 学习难点 | 简单，学员最好参与过分销裂变等活动 |

课程"如何做与业务紧密结合的数据埋点方案"的教学目标如下。

| 课程选题 | 如何做与业务紧密结合的数据埋点方案 |
|---|---|
| 课程类型 | 工作方法类 |
| 目标学员 | 业务产品经理、数据产品经理、数据分析师；这门课明显不适合"无任何数据基础的学员" |
| 教学目标 | 熟练掌握数据采集的目的和信息的来源，以及埋点数据处理流程和埋点方案选型，能够看懂每个数据指标是如何统计的，不再对数据的原理一无所知。当开发一个产品的新功能时，能够根据业务数据需求，梳理数据采集的流程，拆解数据埋点，设计数据埋点方案 |
| 学习难点 | 对学员来说这门课偏"难"，最好了解"埋点的作用，能够进行基本的数据分析工作" |

**总结一下**

讲师可以通过设定知识小课的教学目标，来锁定一个课程方向。最重要的是弄清楚目标学员是谁，因为知识小课只给一类学员解决一个具体的工作问题。

**练习一下**

1. 从自己的工作经历中确定一个课程选题。

2. 按照以下模板，整理一个课程的教学目标。

| 课程选题 | |
|---|---|
| 课程类型 | |
| 目标学员 | |
| 教学目标 | |
| 学习难点 | |

## 知识小课第三步：确定课程结构

讲师一定不要将知识小课的结构设计得太复杂，可以直接参考和使用一些常用的课程结构，这样能极大地帮助讲师提升效率，因为这些常用的课程结构是已经被验证过符合用户学习体验的，是可被信赖的。新讲师可以先模仿再创新。

我们先来介绍一种最常见的"总—分—总"式课程结构。这类课程结构在设计上相对简单，包括"提出概念""展开详解""延伸总结"三段式。"展开详解"是其中的关键内容，占比不应该低于 50%。

知识小课的时长比较短，所以各部分的时间分配很重要。比如，1 小时的知识小课，其时间分配大概是：引言部分、课程背景的讲解和个人介绍占 5 分钟；提出概念、阐述特点占 5 分钟；展开详解（可能包含 3~5 个模块）占 40 分钟；最后进行延伸总结，占 10 分钟。

下表列举了两个课程的总—分—总结构安排，讲师可作为学习参考。

| 课程 | 总<br>（提出概念） | 分<br>（展开详解） | 总<br>（延伸总结） |
|---|---|---|---|
| 中台业务团队项目管理工作方法 | 中台业务团队的项目管理特点 | 详细描述中台团队的项目管理三步法 | 中台业务团队和其他团队在项目管理上的区别与误区 |
| 如何搭建 ×× 学员的标签体系 | 认识标签体系：学员运营的利器 | 详解针对学员搭建标签体系的步骤 | 标签体系的几个典型应用场景 |

接下来将为讲师讲解在三类常见的知识小课里，各个类型的

课程分别如何应用"总—分—总"的课程结构。

## 新知新见类知识小课的课程结构

总：引起学员的兴趣

很多讲师在讲一个新的概念时，总是想要介绍得非常详细，甚至从百度百科上复制大段的文字，将其密密麻麻地放满一页 PPT，然后在课堂上逐字逐句地念。有时还不过瘾，会再展开介绍一下概念背后的历史……实话说，能坚持听完这种课程的学员可能就是"真爱"了。

这些在网上就能查到的内容，讲师不需要占用课程时间来传达。如果觉得不讲后面的内容就无法展开的话，可以花点心思讲讲自己对概念的独特理解和总结，给学员展示在其他地方看不到的视角。

课程在开头部分一定要先引起学员的兴趣，要告诉他们为什么要学习这个课程，里面的知识跟他们有什么关系，以及为什么这些知识是先进的、有用的。

举个例子。一个讲师要讲解"老带新"的概念，他先是以一句话向学员简单介绍了什么是"老带新"，并在 PPT 中标出了这句话的关键词，方便学员快速理解。随后通过应用 AARRR 模型来展示"老带新"的重要性，以此来引发学员的兴趣。这是一个较为成功的课程开头，其中对 AARRR 模型的应用是最重要的亮点。下图是他在讲该概念时展示的 PPT。

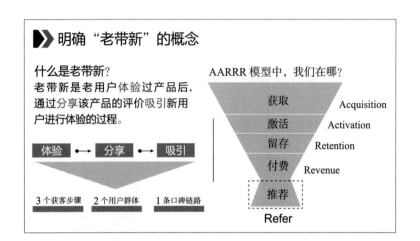

分：阐述原理

讲师在课程中间的部分要阐述清楚概念背后的基本原理是什么，或者它在哪些地方有典型的应用场景，以及在不同行业、不同人群、不同工作中是怎么应用的。

讲师可以直接依次展示自己的实践成果，从自己的视角出发，讲清思路与具体的行动，最好能把过程中的成果都展示出来。

请看下面标题为"'闲鱼'平台需要关注的数据指标"的PPT图示。一位讲师通过分析自己实际遇到的业务问题，来讲解闲鱼关注的数据指标。在该课程中，他拆解了买家和卖家各自的重要行为以及背后监控的数据。

对于重要的知识点，讲师可以举多个案例，自己做过或没做过的都可以。反复举例可以让学员对新提出的概念有深入认知，也能帮助他们打开思路，了解到该概念在各个地方是如何应用的。需要注意的是，要避免提跟所讲的概念没有直接关联的案例，时刻紧扣学员的工作场景，这样他们会更好代入。

---

**案例** "闲鱼"平台需要关注的数据指标

我想通过给卖家提供易用的快速发布工具，给买家提供各种商品的信息浏览方式，并通过鱼塘将双方聚集起来分发信息，从而承载 C2C 的交易流量。

买家：各种商品的**信息浏览**方式
· **内容浏览**：分类
· **社区**：鱼塘
（按"地理位置"或"兴趣"划分，方便交流和交易）
卖家：**方便的商品发布工具和商品分发方式**
· **工具**：易用的快速发布工具
· **社区**：鱼塘用来分发

内容浏览模块：分类
· 商品浏览量
社区模块：鱼塘
· （商品）内容日发布量 / 率
· （商品）内容日查看量 / 率
· （商品）内容日询问量 / 率
工具模块：发布工具
· 商品发布成功率

---

注：C2C 指个人与个人之间的电子商务

另外，不要在一门课程里堆砌很多新概念。即使这些概念是相互关联的，也应该分清主次，突出重点要讲解的内容，避免让学员迷失在各种陌生的新概念里。

总：回顾和展望

在课程最后的部分中，为了加深学员的印象，讲师可以带着学员巩固知识，提升他们的学习体验。

在这一阶段，讲师常用图表来抽象地总结前面讲过的内容，明确一些典型的应用场景和边界，并结合学员的工作提供一些可以落实的建议。一般来说，屏幕前的学员大概率会将其截图保存起来，以便在之后工作有需要时拿出来回顾和复习。下图是一个很好的例子。

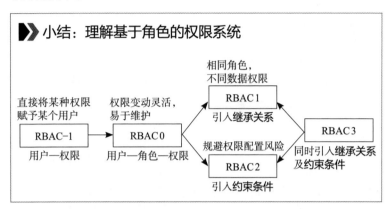

很多讲师习惯在课程的最后讲一句口号、金句，如果是在线下进行分享，讲师的神情能感染到现场的同学，这种方式的效果会比较好，但是在线课程中的学员和讲师之间交互性很弱，这类提升气氛感的内容，其效果会大打折扣，甚至让人感到有些突兀，因此建议讲师尽量回归到课程主题本身，不必采用此类形式。

以下对课程结构的分析汇总可供讲师在做新知新见类知识小课时进行参考。

| 结构 | 总<br>（提出概念） | 分<br>（展开详解） | 总<br>（延伸总结） |
| --- | --- | --- | --- |
| 目的 | 引发兴趣 | 阐述原理 | 回顾、展望 |
| 内容模块 | 提出一个有意思的案例，简要说明新概念、新知识及背后的原理 | 有层次地展示观察到的现象、应用以及成果，每层都提供案例 | 用图表来总结典型的应用场景和边界 |
| 常见问题 | 平铺直叙，讲从百度百科中复制而来的定义，长篇累牍地介绍概念的历史 | 没有清晰的层级，案例过于简单，还堆砌了更多新概念 | 在课程的最后说一个莫名其妙的口号、金句 |

## 工作方法类知识小课的课程结构

总：激发学习欲望

在课程开头引入的部分，讲师要想激发学员继续学下去的欲望，最好的方式就是让他们认识到这个课程与他们相关，涉及他们当前就想解决的问题。

通常的方法是，举出目标学员会常遇到的工作场景（越真实越容易让他们代入自身情况），挖掘其中具体的问题和需求，以下几个设计方向可供讲师进行参考。

1.分别举出在同一工作场景下，做得好的正面案例和反面案例，鲜明的对比可以激发学员学习的动力。

2.用岗位要求和薪酬回报来做利益诱导，给予学员美好的未来憧憬。

3.呈现工作场景里出现的冲突或挑战，并给出有效的解决方向，带领学员继续往下探寻。

4.讲一个常见的但错误的认知，并指明错误认知会带来的负面影响，从而引发学员的重视。

重要的是，以上工作场景都应该是目标用户会真正遇到的，这样才能让学员更有代入感，引发他们持续发问。上课就是不断激发学员提问，又不断解答学员问题的过程。讲师就像一个导游，在学习的旅途中不断牵引着学员的好奇心，并与之共同走到目的地。

举个例子。产品经理在产品上线之后需要通过观察数据来判断产品的假设是否被验证，这个场景学员是很熟悉的，因此会更容易代入。下面两张 PPT 可供参考。

老板将一个刚刚上线的社区产品交给小 A 和小 C 两位产品经理照看。过了段时间，老板询问两人最近产品表现如何……

很不错！日活跃用户数量每天都在涨，新增也很多。

小 A

日活跃用户数量按设备数来看一直在上涨，但如果按注册用户数来看并不乐观。新增用户转化成注册用户的只有 20%，说明我们社区现在还没有促使用户注册的动机。

小 C

三个月后，老板想知道是否要开始推广……

表现平平

最近日活平稳，已经没有刚开始那么多新增用户了。
至于要不要推广，我拿不准。

小 A

最近日活虽然上涨趋势不大，但：
① 用户人均发帖量相比刚上线时翻了一番。
② 用户间的好友密度相比一个月前也增长了 30%，我觉得社区的氛围已经形成。
③ 新用户次日留存率由上个月的 35% 涨到 50%，也能验证第②点的判断。
因此，我认为可以开始大规模推广。

小 C

　　讲师一定要将场景的人物、事件背景、冲突和挑战描述清楚。如果描述的内容不够清晰，讲的话语都很抽象，学员在看完之后就可能没什么感觉，这就不是一个好的引入。讲师将课程开头设计完之后，可以马上请几个目标学员听一下，看这是不是他们感兴趣的话题。

分：确保学员可用

在课程中间的部分，讲师可以根据课程需要，引用"自创的方法"或"引自经典的方法"进行不同侧重的讲解。

如果是自创的方法，讲师要重点讲解其操作步骤是什么，以及每个步骤的结果是什么，确保学员明白每个步骤的设定原因以及怎么才算完成了该步骤。

如下图，讲师先将企业增长的因素进行了拆分，随后展示了在各个因素下制定战略的依据，以及对应的增长策略。这种方法可以让学员通过做好增长策略，来反推企业增长的方向是什么，让企业增长这个大的命题有了可被分析的抓手。

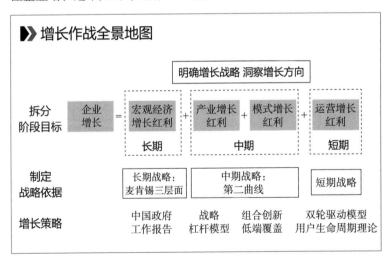

如果是引自经典的方法，建议讲师多讲讲这个方法已被应用在工作中的案例，详细讲解这个方法比别的方法好的地方，强调学员重点需要借鉴和参考的地方。

安索夫矩阵是一个营销分析工具，它以产品和市场作为两个维度，区别出四种产品（或市场组合）和相对应的策略。下图是讲师将安索夫矩阵应用在产品增长模型上的例子。

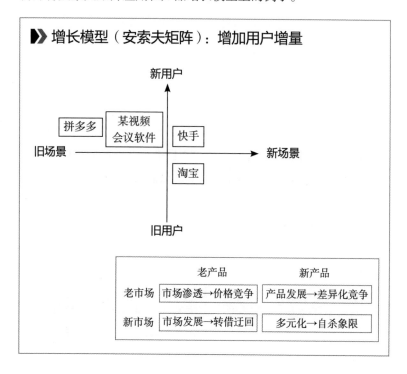

总：加深记忆

很多课程在讲完方法后就戛然而止，直接进入致谢环节，这样其实会损失一部分课程的信息传达。在线课程中的信息传达是呈线性的，即使学员认真看完全程，到最后也很难记住课程的所有内容。因此，建议讲师在课程结束的时候再设计个总结回顾的环节，帮助学员加深对学习成果的记忆。

可参考的设计思路有：带领学员把课程所讲的核心操作步骤回顾一遍；提供更多的应用案例，让学员套用方法进行实操训练；延展一些特别的现象以强调注意事项。

以下图为例，这是一门用户运营方面的知识小课的课程总结。讲师在此把本课讲到的内容汇总起来，带着学员整体回顾了三个模块对应的核心工作、工作方法、工作产出以及检测指标。

**▶▶ 课程总结**

|  | 模块 1：用户获取 | 模块 2：用户转化 | 模块 3：用户运营 |
|---|---|---|---|
| 核心工作 | 流量矩阵设计 | 转化模型设计 | 运营体系设计 |
| 工作方法 | 1. 商业模式要素梳理<br>2. 流量渠道特征梳理<br>3. 筛选渠道搭建矩阵<br>4. 追踪效果持续优化 | 1. 梳理渠道用户特征<br>2. 设计高转化率 SOP | 1. 梳理用户旅程<br>2. 定义用户分层<br>3. 设计业务动作<br>4. 输出 SOP |
| 工作产出 | 潜在用户池↑ | 新用户池↑ | 老用户池↑ |

| 检测指标 | 渠道 | 花费 | 曝光 | 点击 | 有效用户数（首次激活、首次购买、加微信等） | CAC（花费/有效用户数） | 付费用户数 | 付费转化率（付费用户数/有效用户数） | 付费用户成本 | 客单价 | 收入 |
|---|---|---|---|---|---|---|---|---|---|---|---|
|  | 渠道 1 |  |  |  |  |  |  |  |  |  |  |
|  | 渠道 2 |  |  |  |  |  |  |  |  |  |  |
|  | 渠道 3 |  |  |  |  |  |  |  |  |  |  |
|  | 汇总 |  |  |  |  |  |  |  |  |  |  |

以下对课程结构的分析汇总可供讲师在做工作方法类知识小课时进行参考。

| 结构 | 总<br>（提出概念） | 分<br>（展开详解） | 总<br>（延伸总结） |
|---|---|---|---|
| 目的 | 激发学习欲望 | 确保学员可用 | 加深记忆 |
| 内容<br>模块 | 提出一个学员在工作中一定会碰到的场景，呈现其中的困难与挑战 | 详细展开，讲师通过提供工作方法来解决学员碰到的问题，每一步尽量提供具体的工具或案例 | 带学员回顾课程核心操作步骤、提供案例供学员实操、强调特别注意事项 |
| 常见<br>问题 | 场景不真实，没有代入感，总结困难与挑战不到位 | 步骤太粗糙或者不连贯，方法有太多的条件限制，适配性不强 | 没有对课程的回顾和总结，就草草结束 |

## 工具实操类知识小课的课程结构

工具实操类知识小课的课程目标只有一个，就是让学员跟着课程能将学习成果做出来。因此，这类课程的中间阶段是很重要的，讲师需要将该工具的使用方法和实操步骤讲清楚。

总：代入场景，展现成果

工具实操类课程经常一上来就讲怎么操作工具，其实更好的做法是，在课程开头的引入部分把工具应用到具体工作场景中，展现最终的工作成果，让学员知道他们可以做成这个样子，让他们有一个心理预期，知道要完成什么类型的工作，以及将面临哪些困难。也可以介绍不同类型工具的特点，并进行简要对比。

但是，也要避免一上来就长篇大论地介绍产品，或者事无巨细地讲解工具的各种功能。

以下图为例，该讲师从一个软件的使用场景讲起，提到了哪些岗位会用到该软件，以及使用该软件的工作场景有哪些，让学员从一开始就带着解决问题的心态去学习如何使用这个工具。

---

▶▶ **软件使用场景**

○ **工作岗位：产品、项目、测试、开发等所有岗位都会用到**

○ **软件使用场景：**

    • 产品经理梳理业务流程时，输出业务流程图

    • 项目经理梳理项目关键性节点时，输出项目排期表

    • 测试人员在输出测试用例时，输出数据流程图

    • ⋯⋯

---

分：给出具体的操作步骤

中间阶段是重点，讲师一定要在这一步把工具的使用步骤都讲清楚，包含输入的信息和输出的标准，并且在每个步骤中都要提供关键说明和对必要点的提示。不过需要注意的是，应避免过多地展示细节提示，因为这会让课程的层级变得混乱。

比如，针对下图的展示，我们会建议讲师先概括下学员需要学习哪几项基础操作，让学员心里有个概念，再播放录制好的操作演示。

## ▶▶ 软件基础操作

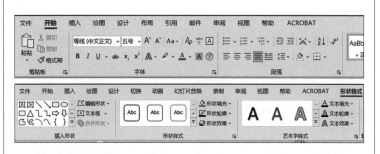

○ 功能区可以快速设置图形样式：文字、字体、大小、对齐方式、填充、线条、效果等

○ 在功能区可以便捷高效地使用一些已经提前准备好的样式

总：总结操作路径

在最后的总结部分中，讲师可以带领学员整体看一下通过使用此工具所做出来的成品，再次强调一下工具的亮点，重申关键的步骤和要点，还可以给到学员继续精进的路径，和一些其他的学习资源。

如下图，该讲师介绍和强调了使用 Visio（图形化管理软件）时的关键步骤。

案例 ┃ 关键步骤

○ 梳理整个功能流程节点，包括创建红包、选择支付、对异常情况的处理

○ 使用 Visio，根据功能场景，选择不同的原件来进行可视化图形的编辑

○ 最后把流程使用连接线串联起来

以下对课程结构的分析汇总可供讲师在做工具实操类知识小课时进行参考。

| 结构 | 总<br>（提出概念） | 分<br>（展开详解） | 总<br>（延伸总结） |
|---|---|---|---|
| 目的 | 代入场景，展现成果 | 给出具体的操作步骤 | 总结操作路径 |
| 内容模块 | 介绍工具的用处，展现通过操作该工具所能做出的成果，介绍不同工具的特点并进行对比 | 聚焦操作步骤，录制实操的过程 | 总结方法，为学员提供继续精进的路径 |
| 常见问题 | 占用大量篇幅介绍工具概念，或一上来就讲其功能模块 | 课程的主要内容不集中，延伸了太多其他路径的内容，学员无法完整地跟着实操下来 | 过于标榜工具本身，忽略其使用范围 |

## 总结一下

以上内容展现了三种知识小课的课程结构，讲师可以根据自己课程内容的类别从这三种中进行选择和套用。

## 练习一下

1. 从三种课程结构模板中选择一个。

2. 根据模板并结合自己萃取的知识做一版最基础的不加设计的讲课 PPT。

# 知识小课第四步：设计学习体验

不同于直播分享，知识小课是要被学员反复且仔细地观看的，因此讲师需要认真设计学员的学习体验，以便让学员能顺利地学完课程。不过比起体系课程，知识小课一般是交付单个知识点，学员学习的时长较短，因此，讲师一般不必要再设计练习环节，应在知识小课的内容中尽可能加强学员的收获感，让他们能清晰地学到课程所要交付的东西。这便是第四步所要做的事情。

在线下课程中，学员如果看到干货很多的PPT，会用手机将其拍下来。在在线课程中，学员也会截屏保存认为精彩或受用的内容。其实，设计知识小课最关键的就是设计"截屏点"，这也是可以让学员直观感觉有收获的地方。

截屏点通常是什么呢？可以等同于前文中提到的交付物，让方法更具体、可视化，有助于学员理解和记忆的东西。截屏点通常包括展示方法步骤、工作流程、分析框架、工具清单、总结性表格、思维导图等的地方。

我们将常见的截屏点设计进行了总结，给出一个取名为"1234"的设计思路供讲师做参考：1清单、2对比、3支柱、4象限。讲师可以尝试套用。另外，讲师在平时可以有意识地通过一张图来总结过往的各种经验，长期锻炼自己的抽象能力。

## 用一张清单来总结提炼

对于一些需要注意的点和需要灵活考虑的因素，讲师可以将其做成一张清单展示给学员。清单比文字更直观，更利于学员进行简单对照，关注到一些特殊要点。

一般需要清单来解决的事项有以下两个方面。

○　总结要完成某一结果都要考虑哪些因素，这种方式不易造成遗漏。

○　总结要完成某一结果需要查看哪些因素，可据此制定对应策略。

学员可以根据自检清单来检查自己画的流程图是否合格。

流程图自检清单可参考如下。

○　是否只有唯一的开始？

○　同一类的结束，是否已经合并？

○　流程结束是否超过 3 个？

○　核心流程要清晰。是否能一条直线看下来？

○　连接线要清晰。是否有交叉和打结？

○　对异常判定的顺序要合理。是否与产品实际一致？

○　判定要唯一。是否存在一个判定里有多个判断项的情况？

○　判断结果要清晰。一次判断是否大于 2 个结果？

○　流程不应回调。流程箭头是否存在回调情况？

○　对每个动作的描述是否简洁？不应超过 10 个字。

○　形状大小一致，尺寸一致，单色。

○　假设你是研发，你看得懂这个流程图吗？

再来看一个案例：一门名为"如何结合产品卖点写转化文案"的知识小课，需要学员能够筛选产品的卖点，明确哪些卖点的优先级更高，并制定文案的写作策略。课程中设计了一份卖点自检清单（见下表），通过回答表中这几个问题，学员可以分析出产品转化文案的最优写作策略。

| 产品卖点 | 产品特点 | 用户需求 | 用户群体介绍 | 需求是否满足大多数 | 与其他竞品的差异点 |
|---|---|---|---|---|---|
| 卖点 1 | | | | | |
| 卖点 2 | | | | | |

### 通过两者的对比来做特征总结

在讲到不同情况、不同事物时，为了更好地让学员理解，讲师可以把两者的特点提炼出来进行对比。通过对比，学员会加深对知识点的认知。

下表是一种最常见的对比表单，把两种开发模式从六个维度进行了对比，展示出它们的优势和劣势。

| 开发模式 | 瀑布式 | 敏捷式 |
|---|---|---|
| 核心特点 | 次序性 | 灵活性 |
| 过程 | 线性 | 螺旋状 |
| 需求响应 | 响应差、变更成本高 | 快速响应，支持灵活变更，期望属性强 |
| 风险应对 | 弱 | 强 |
| 组织协作 | 流程僵硬，自上而下 | 充分沟通，组织自治 |
| 文档 | 重文档 | 轻文档 |

讲师在设计对比环节时，可以考虑的对比维度有横向对比、

纵向对比、目标对比和时间对比等。

○　横向对比：根据细分中的横向维度进行对比，如城市和品类。

○　纵向对比：与细分中的纵向维度进行对比，如漏斗模型中不同阶段的转化率。

○　目标对比：常见于目标管理，如完成率等。

○　时间对比：如日环比、周月同比，或者 7 天滑动平均值对比、7 天内极值对比。

## 用三支柱图表示元素间的关系

三支柱图有多种形态，比如三角形、三个圈等。三支柱图一般在讲师表达观点，需要展示出观点背后的论据以及它们相互之间的关系时用到，比如前文中已呈现的以三个圆叠加的形式体现重要项目、重复工作、判断决策之间包含关系的示意图。

下图是一个常见的三圈维恩图，一般用来表示不同组合的交织会产生不同的结果。

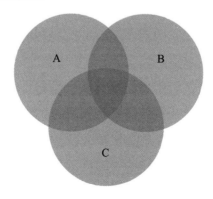

下面这张 PPT 便是通过使用三圈维恩图来展示优秀产品团队的三项能力。

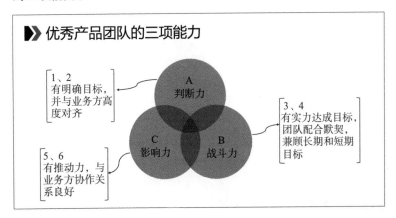

三角形也经常被用来展示各因素之间的关系。比如以三角图示说明一个工作要想做得好，必须兼具三个要素；或者强调一个优秀的事情是由三个方面平等组成的，并且互为影响，缺一不可。

比如，在讲人力资源时候，讲师一般会用到"HR 三支柱模式图"，如下图。根据这个图，学员一下子就能理解不同角色之间的关系，尤其是通过三角形外侧的几组线明确三个支柱的相互协作关系。

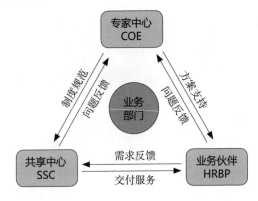

## 用四象限分析做判断决策

我们经常会用四象限图进行判断和决策。九宫格与其逻辑相似，都可作为决策工具分析问题各个角度的情况。在本书中也有许多应用四象限图的例子，例如在前言中提到的帮助某企业选择培训策略的图。

举个例子。在一门数据分析方向的知识小课中，讲师为学员讲解广告投放优化策略，他花了很大的篇幅去讲案例，但没有提炼出方法论，重要的信息很难被记住，学员仍然不知道怎么选择投放渠道。随后，讲师为优化课程，在课程里运用了四象限式设计方法，以消费（X 轴）和转化指标（Y 轴）这两个关键要素设计坐标轴，做出下图帮助学员理解决策依据，学员立刻就掌握了选择投放渠道的标准。

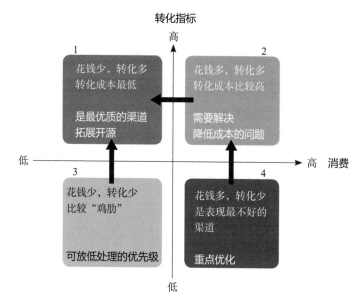

## 使用模型的注意事项

使用模型进行课程设计是为了让信息传递更清晰。一开始，讲师可以根据需求直接套用最简单的模型，等后续使用熟练之后再自行发挥。模型是灵活的，是服务于内容的，讲师可以根据具体应用的需求进行相应调整。

以下图为例，象限图和曲线图结合在了一起，用来说明用户增长需要考虑产品上线时间和活跃用户数量，讲师结合这两个维度划分出四个阶段，并给出相对应的用户增长策略。

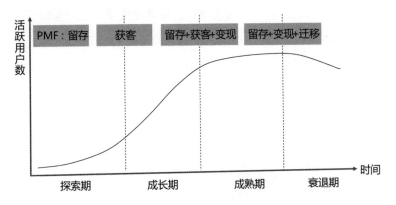

注：PMF指产品市场匹配度

但是，讲师在使用模型的过程中必须清楚采用该工具是用来展示什么的，不然会让学员有生搬硬套的感觉。

以下是一个反面教材。一个讲师做出下图，想以此带学员了解获客方式的影响因素，图中提及的三点其实是并列关系，讲师却用维恩图来展示，这反而会给学员造成困惑。

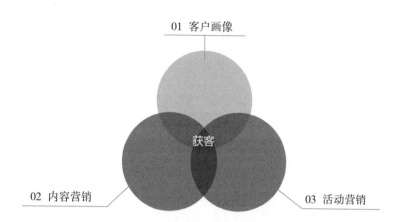

这种并列的重要事项，彼此之间没有必然的关系，罗列出来即可。因此，不是根据影响因素的数量来定工具，而是根据课程内容上的需求来选择对应的模型。

**总结一下**

提升知识小课的学习体验，最重要的是把知识点交付清楚，可以套用"1234"模板来组织课程里的知识点，让学员印象深刻。但切忌生搬硬套，以让知识点更清晰易懂为目标。

**练习一下**

1. 用"1234"模板，修改你原有 PPT 里的一个知识点。

2. 只把你课程的 PPT 拿给学员看，不提供课程视频，询问他们看完之后的收获。

## 知识小课的自检清单

知识小课的生产过程到此就讲完了。看一百遍不如上手做一遍，讲师还是要尽快在实际操作中精进做课的技能。

结合前文提到的所有内容，我们再给做知识小课的讲师定制一个整体的自检清单，讲师可据此在自己设计教学目标、课程结构、学习体验的每个步骤上进行检查，尽量确保一次性把课程顺利做出来。

| 项目 | 自检提问 | 判断标准 | 常见问题 |
|---|---|---|---|
| 教学目标 | 学员画像与学习成果是否聚焦、清晰、匹配 | 1. 能讲清楚该课程对哪类目标学员有明确价值<br>2. 学员画像与学习成果匹配，学员能或很快能在工作场合中应用所学 | 1. 目标人群不明确<br>2. 预期课程收获不明确，大而全<br>3. 提供的解决方法与痛点不匹配 |
| | 是否以解决问题为导向 | 课程解决的问题与学员面对的具体岗位能力要求及工作需求相对应 | 要解决的问题不是具体工作，或提供的工具对目标学员而言短期内无法实操 |
| | 是否有价值 | 1. 不差于其他课程/书/免费资料<br>2. 交付对学员有明确的价值，如：使学员的认知从零散到呈体系化、从不会做到会做、从碰运气到有方法可依赖、从低效到高效 | 1. 内容价值不高。可在其他公开领域免费获得，或落后于市面上的普遍认知<br>2. 内容价值有限。提供的场景在工作中的发生频率不高、对学员的业绩影响不大、目标学员人群数量有限、不是学员普遍存在的问题 |

（续表）

| 项目 | 自检提问 | 判断标准 | 常见问题 |
|---|---|---|---|
| 课程结构 | 逻辑是否合理 | 节与节之间逻辑性强 | 结构松散，常见的不良表现包括：内容之间的顺序可调换，无明显逻辑关系；内容自相矛盾 |
| | 结构是否完善 | 开头有引入，结尾有总结。一级标题下均有小结 | 没有引入，没有目录，直接讲知识点 |
| | 时长分配是否合理 | 1. 各阶段时长以 5 分钟为最小单位<br>2. 总时长一般为 45~65 分钟或 85~110 分钟<br>3. 讲解重难点的时长不少于整个课程的 2/3 | 总—分—总结构的时长分配比例极不合理，例如导论的时长占总时长的 1/3 |
| 核心知识点 | 是否有交付物 | 1. 学员可模仿、记忆、收为己用，常见交付物的形态有：步骤、工具、策略、模型<br>2. 方法靠谱，确实能满足课程预设的教学目标 | 1. 交付零散。例如，以"10 点注意""5 个倡议"这种形式交付<br>2. 交付的方法不能满足课程的教学目标 |
| | 是否有案例 | 1. 重难内容有配案例，能辅助理解<br>2. 案例与课程交付的内容结合紧密 | 1. 案例松散，与课程交付的内容结合得不紧密<br>2. 案例空泛、陈旧 |

# 如何

# 生产一门

# 体系课程

体系课程，顾名思义就是成体系的课程。如下图所示，体系课程要解决的是相对复杂的业务问题，学员较难掌握。对于学员来说，学习体系课程意味着要投入更多的时间，学习成本比较高。因此，学员在选择这类课程时就会很慎重，但如果学习效果好，口碑也就自然产生了。

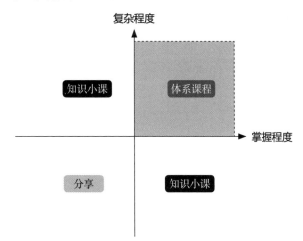

如果说知识小课像"产品的某个功能",用于快速解决学员在工作中遇到的问题,那么体系课程更像是个"完整的产品",要通过系统设计帮助学员实现职场的跃迁。总体上来说,比起知识小课,体系课程有两个明显的不同。

○ **知识容量大**:体系课程会就一个岗位或某项技能,讲得比知识小课更全面和深入。有些体系课程除了提供时长较长的视频作为学习资料,可能还需要辅以大量的补充材料。

○ **学习周期长**:学员可能需要几个月的时间来学习体系课程。有些课程会设计练习题和批改环节,有些讲师也会组织答疑、分享等教学动作。

## 体系课程的设计过程

请回顾一下第二章所讲的双钻模型。经过了对知识小课生产过程的学习,讲师对这个模型应该不算陌生了。在体系课程的生产过程中,我们依然会用这个模型来指导整个流程,只是每个步骤的侧重点不同,过程也会更复杂。

我们先结合双钻模型来简单梳理一下,在生产体系课程的过程中各个步骤都需要完成什么。

1.盘点知识资产:通过一系列的工具、方法,让讲师聚焦最有价值的课程方向。

2.设定教学目标：通过竞品调研、用户调研的方式来确定目标学员画像和教学目标。

3.确定课程结构：提供三种课程结构设计框架，帮助讲师快速上手，搞定课程主体内容。

4.设计学习体验：参考学习曲线进行章节设计和练习题设计，提升学员的收获感。

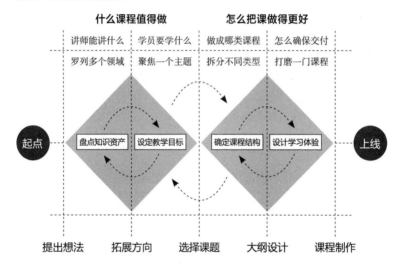

一般来说，生产一门8小时的体系课程至少需要耗时1个月。讲师如果决定要生产一门体系课程，不仅需要提前做好评估，还要在时间上做好心理准备，确定自己可以耐下性子踏踏实实地做好每个步骤，并且无论遇到什么困难都能坚持下去，不断打磨自己的体系课程，使其变得更有价值。

要想做一门体系课程，讲师需要先对以下几个问题有初步的概念。

○  有多少学员会对这门体系课程有需求？哪些行业、哪些公司的人有这个需求？

○  讲师对学员遇到的核心挑战是否很了解？

○  讲师的方法论是否成熟可依赖，是否有信心解决学员面临的挑战？

○  学员能否通过中短期（如 3 个月内）的课程学习解决正在面临的挑战？

○  怎么评估学员真的学会了课程内容，并且已可以应用在工作中？

○  市场上是否已经有类似课程？讲师的课程内容有没有竞争优势？

　　体系课程的生产难度比较高，因此不建议没有做课经验的新讲师自己做体系课程，极有可能做不下去或者做出来的效果不佳。另外生产体系课程的工作量很大，一般讲师会找一个有经验的人（比如教研人员）来辅助生产，协助讲师做整理资料、切换学员视角、知识萃取等工作。

　　也有相当多的讲师自己摸索出了一套体系课程的做课技巧，通过不断迭代课程的方式，把课程做得非常棒。几乎所有坚持做完体系课程的讲师，都有如同成功完成了一个大项目、做出了一款产品一样的成就感。

## 体系课程有哪些类型

从学员的视角出发，可以把体系课程粗略分为"以胜任工作岗位为切入点"和"以提升工作能力为切入点"这两种类型，分别用于解决学员在职场跃迁时遇到的不同问题。

### 以胜任工作岗位为切入点的体系课程

该课程的标题普遍以"岗位 + 级别"的形式命名。这类课程帮助学员掌握岗位必备的核心能力，或者帮助有经验的学员更系统地掌握该岗位的工作方法。学员一般会在想转岗、更换工作、岗位晋级时选择这类课程（即"岗位体系课"），期望学到在该岗位中"不会就不行"的必备能力。

比如，"产品经理入门课"可以帮助想从事产品经理工作的人或者刚入行的产品经理新人掌握该岗位所需要的能力，如需求分析、竞品分析、流程设计、原型设计等；同时让新人也能理解产品研发的工作场景和工作流程等。

"产品经理进阶课"则是帮助有一定经验的产品经理更系统地掌握工作的全流程和方法，包括如何运作一个复杂的产品项目、如何做项目管理等。

### 以提升工作能力为切入点的体系课程

该课程的标题普遍以"能力 + 实战 / 实操 / 训练"的形式命名。这类课程能帮助学员深入学习某项新的技术、新的能力并在工作中应用，以完成某项复杂的工作任务。对于学员来说，学习的目的是让自己"学会后变得更强"，因此一般在遇到业务挑战、新的工作任务时会考虑这类课程（即"能力提升体系课"）。

比如，课程"业务数据分析实战"的教学目标是让互联网运营和产品经理都具备数据分析能力，帮助学员从零开始掌握数据分析在业务中如何应用；课程"短视频策划与创作实操训练营"能够帮助学员深入了解短视频创作过程中的关键工作，通过模板化的方式让学员更高效地策划短视频；课程"新晋干部人才管理能力训练"能够帮助新管理者掌握人才招聘、人才培养、人才管理等方面的核心能力；课程"机器学习入门"通过一系列的案例与设计，让技术人员、产品经理了解机器学习的构成和在典型业务场景中如何结合机器学习提升工作效率。

从讲师的视角来看，体系课程的生产周期很长，上述分类方式能让讲师有的放矢地去选择课程方向，让课程生产的内容更聚焦，否则如果在岗位体系课里融入了太多技能实操细节，或者在能力提升体系课中大篇幅地讲岗位知识，学员的学习效果会很不好。

## 优秀体系课程的特点

新讲师对于做一门体系课程，要么会盲目地自信，觉得自己的课程是最厉害的，秒杀市面上的所有课程；要么会盲目地不自信，总觉得自己能讲出来的内容没什么价值，就算可以讲出点有价值的也讲不好。其实体系课程都是讲师们逐步迭代出来的，比如通过一门门的知识小课去试探学员的认可程度，学员会反过来提出更多的需求，将这些需求整理下来就可作为体系课程的雏形了。

　　在进行体系课程设计前，讲师要先判断一个课程的方向值不值得做，毕竟体系课程的生产成本太高了。这里介绍一个可应用于判断的三圈理论，也就是从三个维度进行判断：讲师对课程方向是否擅长、用户是否真的有需要、该课程在市场上是否有竞争力。这三个维度既可以帮助讲师找到体系课程的内容方向，也能让讲师提前判断生产这门体系课程的可行性。

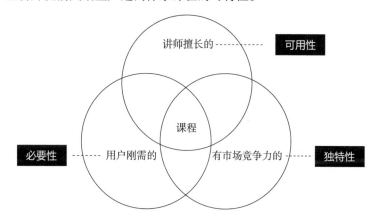

第一圈：讲师擅长的

　　这一圈指评估讲师知识资产的可用性。"擅长"是指讲师在某个领域有足够的实践积累，并已经取得了一些成绩。拥有久经考验的知识和方法是体系课程的生产基础。如果是道听途说且未经验证的知识则必然不行，不能把未经实践、不求甚解的内容拿出来教给别人。

第二圈：用户刚需的

这一圈指评估学员需求的必要性。课程是给学员看的，讲师不仅要看自己有什么知识资产，更要切换到学员视角，看学员需要什么，学员越刚需的问题就越有做课的价值。

第三圈：有市场竞争力的

这一圈评估该课程的独特性。如果市场上已经有非常好的同类课程，讲师不要急着放弃，但需要找到一个更好的差异化切入点。当然，如果市场上没有竞品，也需要评估这个方向是否值得做，因为可能对此有需求的人很少。

应用三圈理论的目的是减少讲师的自我盲目，免得花了很长时间却做出一门不叫好也不叫座的课程。应用三圈理论需要讲师对课程中知识的理解、对方法论的实践非常到位。在这个前提下，这三个维度不仅可以指引讲师判断课程是否值得做，还可以帮助讲师定位课程内容的侧重点。最后再结合双钻模型的四个步骤，便可更好地聚焦学员诉求，设计出高质量的体系课程。

应用三圈理论不是让讲师给自己做排除法，仅剔除不能做的课，而是从中去找机会，不断思考哪些才是自己最擅长的，哪些需求才是学员最需要的，哪些课程方向才是最有竞争力的，等等。带着这些疑问去思考能更快让讲师找到最合适的课程方向。

举个例子来看。

有个讲师曾在传统媒体工作，后进入互联网行业，依次从事过内容运营、用户运营、电商运营的工作，而且都在大厂的核心部门。之后离职自己创业，方向是面向电商企业的内容营销。

虽然他有很丰富的运营经验，但是对于做课还是有点没信心。原因有很多：运营方向已经有很多课程，自己很难讲出不同；过去的很多经验放到现在也感觉不太管用了；自己在电商运营这一领域感觉也没深扎多年的专业讲师讲得透彻。

我们回到寻找课程方向的三个维度里，即他擅长什么，要做的课程是不是用户刚需的，在市场上具备什么竞争力。

○ 他擅长互联网运营，特别是内容营销，对几大内容 / 流量平台的玩法非常熟悉，也做过很多成功案例。

○ 对互联网从业者来说，他讲的东西未必是最前沿的，但对于传统公司的从业者来说，在互联网营销方面需要非常落地的实操知识。他的创业经历中恰好有大量真实的案例可供分享，这些对于传统公司的从业者来说是刚需。

○ 互联网运营方向虽然有很多课程，但运营本身分工已经很细了，完全可以选择一个细分方向，做差异化定位。

通过以上分析，讲师可以锁定"传统消费品的内容营销策略"这一课程方向，目标学员锁定在负责的产品年收入达到 5 000 万元左右，产品已经稳定，想通过内容营销带动增长的传统公司的电商负责人。

如果一门体系课程具备上述这三个维度的要求，大概率会是一门好课。即使其中还有维度不符合的，也可以经过多次分析，找到可以做的课程方向。讲师在做课的过程中，思路会逐步清晰起来，即便后续会反复，也好过于在原地停滞。

## 体系课程第一步：盘点知识资产

讲师已经在知识小课的生产阶段盘点过自己的知识资产，现在可以重新打开知识资产的表格，继续往下盘点值得做成体系课程的内容。如果还没开始盘点，建议回到第三章，根据相关知识讲解盘点出知识资产。

对于讲师而言，能做成体系课程的知识资产没有想象中那么多，即便是有 10 年工作经验的人，能做出来的体系课程可能也就两三门。究其原因，是因为讲师不仅要深入梳理自己过去的方法论，再萃取知识设计成线上课程，还要确认其在市场上是有一定竞争力的。

前文中提到，只有讲师擅长的内容才值得做成体系课程。也就是说，这至少要求讲师在所在的领域已经形成了一套可依赖、普适性强的方法论，且具备专业知识和实践经验，并积累了多个成功案例。只有讲师自己先将知识理解清楚、多次验证方法论的有效性，才能给学员讲得明白。

现在请打开你盘点知识资产时做的电子表格，对照下面的条件开始做减法，只保留符合第4、5点的。

1.（划掉）只是做过 / 经历过的；

2.（划掉）重复做过的；

3.（划掉）重复做过且基本都有稳定成果的；

4.（保留）已经形成了一套可依赖、普适性强的方法论；

5.（保留）已使用这套方法论指导过他人，甚至成功带出过新人。

举个例子来看。某讲师是一个电商平台的资深商家运营总监，他把团队从100人快速扩张到500多人，也亲自设计了部门的新人培训体系，摸索出一套完整的方法，涵盖精准招聘面试、快速上岗培训、数据化管理考核等方面，他的方法也被新上任的负责人借鉴和使用。那么，他来做一门"电商运营增长团队管理"的体系课程是没问题的。

另外，经验丰富的实战派人士可以盘点自己凭直觉就能做出判断决策的知识和经验。这些方面可能就是你的核心能力，在做课的过程中把这些经验萃取出来，总结成可应用的方法论，这样就可以打造出高质量的课程。

举一些具体的例子来感受一下。

○　我面试的时候看候选人特别准，而且能较高概率谈定岗位。

○　只要让我看电商业务数据，我就能判断该业务的表现。

○　只要看下公司的财报，我就能判断其在业务上出现了什么问题。

○  我只需要看到几个关键数据，就能快速判断产品的现状。

　　为什么直觉型的判断决策对做课来说很重要？表面上看可能只是一个人快速地就某事给出了一个结论，但对于下结论的业务专家来说，这就是经验的浓缩。当一个人在做判断时，会经过一系列的快速思考，而思考的过程、判断的标准等都可以进一步萃取成方法、知识，只是很多业务专家还没意识到原来直觉可以开发为课程。

　　"我面试技术人才时看人特别准，能快速判断候选人和公司对应业务的匹配程度，以及候选人下一阶段的困难和挑战。"这句话体现出这位讲师很熟悉人才的判断标准、对招聘职位的描述说明、面试技巧、人员培养、管理方法、考核方法等，将这些经验进行整理，即可做成"打造有战斗力的产研团队"这样的课程，并且对产研团队的选用育留都能提供特别的工具和方法。

　　"只要让我看快消类产品一年的电商平台数据，我就能找出其中的问题，并判断该平台未来的走势。"这句话体现了这位讲师精通业务的分析框架、分析方法和业务体检等，将其整理后就可做成"电商数据化管理，分析、诊断及落地方法"这样的课程。

　　需要提醒的是，新职业类课程更看重讲师的实际经验和对工作的理解，背景和声誉只是辅助。虽然这类课程确实会在短期内因为讲师的身份、话题的热度而吸引到学员，但长期的口碑依然来自扎实的课程内容和用心的学习体验设计。

讲师通过盘点知识资产，能发现自己最擅长的点，这将为后面做课程设计的侧重点起到铺垫作用。由于体系课程设计的范围比较大，并不要求讲师对所有问题都非常擅长，只要确保对核心的方法论有扎实的理解和实践即可。不太擅长的，可以通过请教他人来补充，或者直接邀请其他讲师来共建。

盘点体系课程的知识资产实际上是一个做减法的过程，讲师完成这一步后，会发现能做的课程方向并不多。接下来，讲师可以做一张表格，对自己的课程做进一步的梳理和展开。如果有多个课程，可以分别建表填写。

| 体系课程方向 | 以课程标题形式呈现，如"交互设计师入门" |
|---|---|
| 体系课程类型 | 岗位类 / 能力提升类 |
| 关键知识资产 | 列举过往与课题方向匹配的经验、经历，并说明成果。可参考如下：<br>1. 5 年 UI 设计（界面设计）经验，5 年 UE（用户体验）设计经验<br>2. 是公司"用户体验委员会"的核心成员，制定过整体的体验策略<br>3. 参加过多次国际体验设计大会并发表演讲<br>4. 组织过多个公司级的交互体验提升项目，并获得优异成绩<br>（1）某某项目上线后，通过自己的运作，将 X 指标、Y 指标提升了 2 倍以上<br>（2）某某项目获得了 × 奖项<br>5. 平均每年组织 3 次超过 100 人规模的用户调研项目，有明确的执行 SOP 帮助下属完成调研项目<br>6. 在公司内做过多场面向产品经理、运营、研发等岗位的分享培训<br>7. 自己是企业内训师，开发过 2 门内部课程<br>8. 在各项公司评审工作中被誉为"毒舌"，总是能一针见血地说出下属提供的方案的问题<br>9. 看到给甲方的提案 PPT 就能判断拿单的成功率 |

　　是不是发现写这个表格的过程和准备简历是一样的？没错，而且表格中的内容也可以作为该体系课程上线前给目标学员呈现的一份独特的讲师介绍。知识资产盘点的环节至此就结束了，讲师应该已经在这一环节发现了自己最擅长、最有信心的课程方向。写好上面这个表格后，讲师就可以往下进行对目标学员的调研和对竞品的调研，来进一步明确课程的方向和价值。

**总结一下**

　　要想盘点体系课程的知识资产，讲师要先把自己最擅长的领域找出来，围绕该领域梳理过往做过的事情、积累的优势，据此确定一个课程方向。

**练习一下**

　　选择1~2个自己最擅长的课程方向，按以下模板完成表格。（所列的关键知识资产应包括不少于 5 项亮眼成绩。）

| 体系课程方向 | |
|---|---|
| 体系课程类型 | |
| 关键知识资产 | 1.<br>2.<br>3.<br>4.<br>5. |

## 体系课程第二步：设定教学目标

体系课程的教学目标非常重要，将直接决定这个课题是否需要做成体系课程。当讲师在设定体系课程的教学目标时，依然要回到以下这三个经典的问题上来。

○　课程面向什么样的学员？
○　解决学员哪些具体的业务问题？
○　需要交付到什么程度的学习成果？

请回顾第二章中以目标学员状态为 X 轴，以学习成果目标为 Y 轴的象限图，我们会发现，只有学员的学习成果需要达到简单应用和熟练掌握的程度时，讲师才可能做体系课程。根据这个图可以拆分出以下三条学习路线。

学习路线 1：让"没概念"的新学员能"简单应用"和"熟练掌握"，解决工作中的问题。针对这一路线的课程要包含一些基础概念、对认知的普及，知识训练的内容要占更大的比例。这条路径从整体上来说是比较难的，讲师如果选择这条路线，意味着要做很多设计，才能让小白认真学习，因此这条路线最好由有经验的讲师来做。

学习路线 2：让"有了解"的学员能"简单应用"和"熟练掌握"，用专业方法解决工作问题。针对这一路线的课程要尽量减少对特别基础的概念的介绍，但要加强所授方法与应用场景、落地场景的关联性，也要设计多种形式的练习来帮助学员加强深度和广度的训练。

**学习路线 3：让"有经验"的学员不仅能熟练掌握方法，还可以内化成自己的方法。** 针对这一路线的课程要更聚焦于解决工作中会碰到的关键问题，并且要讲明白方法背后的逻辑、适配性等，案例要挑选更复杂的场景，特别是一些成熟的流程、跨界应用等。

综合来看，讲师可以对已选定的课程主题方向做进一步的拆分，目的是明确学员画像和教学目标。

从另外一个角度来看，优质的体系课程实际上是解决了学员的刚性需求，学员的体验当然就好。如何判断用户需求是强烈的呢？事实上，来学习新职业类课程的学员希望解决的问题和以下两个维度相关。

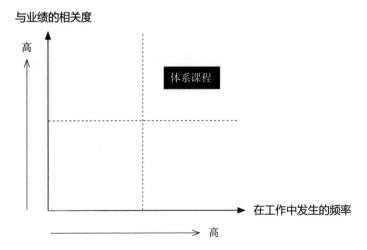

○ **与业绩的相关度**。这是指如果解决了该问题，学员就更容易完成业绩，提升绩效。比如，如果不能掌握与不同客户沟通的技巧，就无法达成销售指标。如果有一门体系课程专门讲"大客户销售的全流程和沟通技巧"，一定会很受欢迎。

○ **与在工作中发生的频率有关**。有些问题虽然不直接指向业绩，但经常在工作中出现。如果学员解决了这个问题，就能节省出更多的时间。比如，一个新管理者每周、每月都要与团队进行管理沟通，亟需有效的方法来提升效率。如果有一门体系课程是讲"新晋管理者如何打造卓越奋进的团队"，一定也会受欢迎。

　　基于以上两个维度来看，学员对体系课程的需求就是解决那些经常发生，而且和业绩相关度很高的问题，这就是用户的刚需。

　　如果讲师能时刻站在学员的视角，去思考他们为什么学习这门体系课程、最终要交付给他们什么样的成果，这才是对学员来说最有价值、最有吸引力的。如果体系课程覆盖的人群较多，要为学员解决的问题也会较多。考虑到不同的群体面对的问题是不同的，讲师可以在一门课的内容设计中有所侧重，也可以将原课拆分成多个课程。在将其拆分后，可以考虑针对不同学员设计交付更聚焦的学习成果，甚至后续做不同的学习体验设计。

　　在这个环节中，讲师可以完成一个集课程方向、学员画像、典型工作场景、期待的学习目标几个角度于一体的表格作为做课的辅助。本章的后面也会呈现一些具体的工具方法，来辅助讲师更好地完成课程教学目标的设计。

先来看一个案例。我们需要帮助一个零基础的产品经理通过学习课程达到胜任工作的学习效果，很明显在短期内成为高阶的产品经理是不可能的，而且不同层级的学员面临的工作挑战是不同的，因此我们将学员画像拆分为两类，对不同层级的学员分别进行分析。

下面这个学习路线可以帮助对产品经理岗位"有了解"的学员，成长到"熟练掌握"。

| 体系课程方向 | 产品经理入门（岗位课） |
|---|---|
| 课程目标 | "有了解" → "熟练掌握" |

- 学员画像：（描述学员和状态）
  想要从事产品工作的新人，已经学过一些课程，也看过一些书籍，对产品经理的岗位是有认知的，但因为没经验，找相应工作时总是碰壁
- 典型场景和挑战：
  - 投简历时，经常因没有过往经验而被筛下来。和面试官沟通时会被问到一些基础的技能，但总感觉答不上来
  - 写过一些产品分析报告，但总感觉写得不好
  - 不知道不同公司的产品开发流程
  - 经常被人说基本功不行，产品感不好，但不知道怎么提升
  - ……
- 关键需求：
  - 了解产品经理的工作流程、产品研发的流程
  - 掌握必备的工作模块和工作方法
  - 写好分析报告，可以在投递简历、面试时提交
  - 简历书写技巧、面试技巧
  - ……

（续表）

> •学员画像 2：
> 　刚开始从事产品工作的新人，经验很浅，对自己从事的工作比较迷茫。
> •典型场景和挑战：
> 　– 在创业公司工作时什么都干，不知道哪些是产品经理范畴的，哪些是其范
> 　　　畴外的
> 　– 想了解大厂的工作流程
> 　– 经常听到"数据很重要"的理论，但不知道怎么将其和工作结合
> 　– 在评审会中总是被看轻，需求被改来改去
> 　– 不会做竞品调研，老板说没什么必要
> 　– 老板总是让我抄袭其他产品的功能，我觉得不应这样，但也无法反驳
> 　– 不知道怎么分析需求，特别想知道专业的分析是什么样的
> 　– ……
> •关键需求：
> 　– 了解大公司正规的工作流程、产品研发的流程
> 　– 掌握竞品调研的方法
> 　– 掌握基础的数据分析能力
> 　– 掌握用户、需求分析的方法
> 　– 了解评审会是怎么开的
> 　– ……

**调研学员画像及学习目标**

　　很多讲师对自己的课程过于乐观，认为一定会受到学员的喜欢，能帮学员解决问题，但现实更多是花了很长时间开发的课程学员并不买账。学员通常会有以下反馈。

○　老师讲的都很对，但我好像用不上。

○　课程太"水"了，能不能只给我讲干货？

○　老师讲的案例太理想化了，我碰到的情况都不是这样的。

大部分讲师都能比较快地梳理出"我擅长什么",但是要想搞明白"学员想听什么"就不那么简单了。具体而言,是要搞清楚"什么样的学员想要什么样的内容"。

想要回答这个问题,就需要讲师将用户调研做扎实,跳出自己个人的视角,更客观地了解学员的需求,让学员讲出自己的真实需求,获取到真实、有效的案例,挖掘出学员在真实工作时遇到的问题,这些便是讲师在课程设计过程中要有的放矢地解决的问题。

比如,一个已工作多年、一直在做数据方面工作的讲师,他在自己这一领域的专业性非常强,不过因为已经脱离一线工作很久了,不太清楚现在的学员到底需要什么知识,这就需要他"清空"自己的固有认知,去了解目前这个岗位的一线学员都面临什么工作任务,在做这些任务的时候会遇到哪些难点,如何解决这一系列难点等。这些通常就是这个体系课程的核心。

下面这个调研方法会帮助讲师判断目标学员的学习需求。整个调研过程大体可以分为三个环节,包括找到目标学员、了解目标学员的学习需求和分析学习需求。

环节一:找到调研的目标学员

岗位类体系课程,需要找岗位本身的从业者和想从事该岗位的学员;能力提升类体程课程,则找只要掌握该能力就可以直接影响绩效的学员。

讲师可以直接找身边认识的人,或者通过广发调查问卷来找到更多的目标学员，通过被调查者的个人信息、工作年限、所在岗位、工作指标要求等进行筛选。至于调研的样本量，可以根据实际情况来定，样本越多越有利于了解学员的需求。很多讲师在有做体系课程的想法后，就会在日常工作中有意识地积累一些用户问题，这是非常好的习惯。

在选择调研的对象时，讲师要注意样本的比例分配问题，尽量多找一些不同细分岗位的从业者，覆盖不同公司、能力水平不一的样本。比如按照大公司、中等公司、小公司均匀分配。

在调研过程中，除了课程针对的目标学员之外，建议讲师将调研对象覆盖到与目标学员相关的角色，比如上下级、上下游相关岗位的人员。

要想了解一个职业的发展状况，需要将其放到生态里来看，每个岗位都不是独立存在的，讲师通过向上、向下看，可以摸清这个岗位的能力项的全貌。如果课程的目标学员是职场新人，建议讲师不仅调研新人，也调研正在带新人的职场人，他们会从不同的视角呈现出职场新人在工作中会面临的问题。

上下游指的是在业务线上，该学员需要对接的角色。例如有些产品经理，他们的工作是收集用户需求，找研发团队制作产品，最后交付给运营使用。所以产品经理的上游是互联网运营，下游是研发工程师。不过并非所有岗位都有上下游，有些岗位会相对独立一些，比如研发工程师，只需要对接产品经理。

讲师可以通过对目标学员上下游的调研，了解各方是如何评价这个岗位的，他们对这个岗位不满意的地方通常会是什么，以及怎么体现这个岗位的专业性。通过目标学员的合作方视角，可以发现更多学员面临的问题。

比如，在做"产品经理入门课"时，我们调研发现很多研发认为产品经理不专业，被批判最多的是需求文档写得不好，评审会做得不专业，产品上线后也不知道效果如何；很多运营人员觉得自己不受重视，向产品经理提了很多需求，但都石沉大海。后来讲师在设计课程时，重点解决这几个方面的问题，学员学习后有明显效果和良好的反馈。

环节二：了解目标学员的学习需求

在对学员的访谈中，讲师需要重点关注学员的身份背景、工作任务和他们碰到的具体问题。可以参考以下模块。

1.学员的身份背景。

○  工作岗位：属于什么部门的什么岗位？平时的工作是什么？

○  岗位级别：现在属于什么级别？能否带团队，能带多少人？

○  所在公司及团队：公司的规模有多大？团队的用人标准具体有哪些？

○  所在区域：工作地点在一线城市还是二、三线城市？工作的氛围怎么样？

○  工作年龄：从事工作多少年？在该岗位上工作了多少年？

2. 学员的工作任务。

○ 目标学员的具体工作场景是什么？其工作内容的核心是什么？

○ 业绩考核的内容是什么？学员目前完成的状态是怎样的？如果要做到优秀，其完成状态应是怎样的？

○ 阶段性的任务、周期性的任务有哪些？

○ 有哪些用于完成工作的常用工具？

○ 学员自认为完成工作需要具备什么技能？

3. 学员所面临的挑战。

○ 工作中最常碰到的挑战和困难有哪些？

○ 自己认为最急需解决的几个问题是什么？（经常发生还是偶尔发生？）

○ 希望系统性提升的能力有哪些，为什么？

○ 如果想升职加薪，还需要重点提升哪些能力？

○ 现在靠什么在解决当前遇到的问题？

通过对这些问题的梳理，讲师会对目标学员有更清晰的认知，而不是停留在自以为然的阶段，这将更有助于讲师深入掌握学员的学习需求。

除了主观的经验总结，讲师还可以搜集一些资料作为补充，比如研究市场上对于目标学员的招聘要求，这可以帮助我们了解目标学员当前的工作任务和能力要求。

　　针对岗位类的体系课程，讲师可以围绕以下问题来收集某个岗位的相关信息。把所有收集到的信息整理出来，基本上就能对一个岗位有个全面的了解了。

○　哪些公司在招这个岗位？这些公司是什么规模，所属行业有
　　哪些？

○　该岗位都有哪些级别？招聘启事中有哪些明确的能力要求？

○　该岗位负责的工作内容有哪些？为哪些目标服务？

○　该岗位的招聘启事中常有哪些关键词？

　　针对能力提升类的体系课程，讲师可以围绕以下问题把应用该技能的所有工作场景和角色都整理出来。

○　都有哪些主流岗位对该能力有要求？

○　对该能力要求的级别是什么？（了解／熟练／精通）

○　通常该能力可用来解决什么问题？

　　讲师收集以上这些资料，一方面可以佐证自己的假设，另一方面也可以补充自己的视角，知道自己过往积累的经验中哪些是通用的，哪些是稀缺的，在后续的课程生产环节就可以有选择地列出一些重点。

环节三：分析目标学员的学习需求，发现共性问题

调研做完之后，讲师需要根据调研信息做整体性的总结分析，来判断做课的必要性。讲师需要把学员需求中的共性问题找出来。如果有认为值得解决的个性问题，可以将其标注出来，以便之后考虑。信息分析完后，讲师就可以整理出明确的目标学员画像、典型工作场景和挑战，以及关键问题和需求。

一般一门体系课程可以做 2~5 个目标学员组，以供后续进行调整和选择。完成信息整理后，讲师还可以继续找一些学员进行交流，不断佐证及调整已整理的内容，以达到讲师、学员都比较满意的程度。在教育公司中，这个模块是"立项"里的重要一环。

一份明确翔实的教学目标分析文件，可以帮助讲师牢牢把握用户需求，提升做这门体系课程的必要性。需要强调的是，一旦教学目标确定下来，要在漫长的课程生产期间内，时刻将其锁定住，不偏离最初设定的目标，以确保生产出来的课程内容不"偏航"。

**总结一下**

体系课程的教学目标比较复杂，不能仅限于讲师自己的认知，要通过用户调研确定目标学员画像以及学员面临的真实问题，最终从这些问题中总结出课程的教学目标，以此来指导生产课程中的知识点。

**练习一下**

1. 做 10 场以上一对一的学员访谈，收集他们在工作中遇到的

具体问题。

2. 整理访谈信息并填写下表。

| 课程方向 | 所要讲的课程主题 |
|---|---|
| 课程目标 | 讲师希望的学习路线 |

• 目标学员画像（一句话描述学员和状态）
• 典型场景和挑战：
  – 场景 1：
  – 场景 2：
  – 场景 3：
  – ……
• 关键需求及优先级分析（高、中、低）：
  – 需求 1：
  – 需求 2：
  – 需求 3：
  – ……

## 体系课程第三步：确定课程结构

课程结构的实体表现就是课程大纲。一个优秀的课程结构，不仅能让学员确信课程可以帮助他们解决自己的问题，还能让学员眼前一亮，有"为我定制，相逢恨晚"的感觉。

体系课程的课程结构是复杂的，有明确的"章"和"节"，像一本书一样。一门线上课程由多个章构成，每个章里有多个小节，小节里是课程内容。课程内容不仅包含视频，还可能会有音频、文字资料、练习题等。

以一门时长为 5 个小时左右的体系课程为例，其课程结构可参考如下。

○ 整个课程大约有 5~10 章，每章有 3~5 个小节。

○ 每个小节大约有 15 分钟的视频内容及相关的补充材料。

○ 部分章节会采用测试、作业练习、在线实操等形式来加强学习效果。

以上这些预估的数据是从三节课的过往经验中总结而来的，这样的设置让学员既能以较小的负担学完整个课程，又能确保可以系统、有效地掌握相关知识。现在的在线课程已经不能以直接放一个超过 30 分钟的视频作为教学方式了，这样的视频完课率是很低的，大部分用户都不会看完。

下表是"产品经理高阶课"的课程主干结构。

| 章 | 节 |
|---|---|
| 第一章　接手一个新项目（上） | 1. 从接手新产品项目到完成中长期产品规划<br>2. 在接手新项目的过程中存在的挑战<br>3. 如何给项目定位<br>4. 确立项目目标与指标<br>5. 梳理上下游关系 |
| 第二章　接手一个新项目（下） | 6. 从项目到规划<br>7. 建立业务驱动模型<br>8. 制定中长期产品规划<br>9. 案例：中长期产品规划 |
| 第三章　新业务从 0 到 1（上） | 1. 如何进行新业务的探索<br>2. 假设：让产品想法变得更具体<br>3. 案例：产品想法分析画布<br>4. 产品 MVP 设计该怎么做<br>5. 从 MVP 到 PMF |

（续表）

| 章 | 节 |
|---|---|
| 第四章　新业务从 0 到 1（下） | 6. 验证产品：用户调研与用户访谈<br>7. 种子用户调研方法<br>8. 产品早期运营规划 |
| 第五章　项目管理 | 1. 从业务到项目管理<br>2. 准备一场高质量的项目启动会<br>3. 在团队中形成一致的协作机制<br>4. 做好阶段性总结与复盘 |
| 第六章　团队管理 | 1. 如何进行产品团队管理<br>2. 如何招到合适的产品经理<br>3. 如何与下属员工一对一沟通<br>4. 如何帮助产品经理构建成长通道 |

在以上的课程主干结构中，可以看出章与章之间有着明确的逻辑关系，这在体系课程里是非常重要的。讲师一方面要通过知识点的有效组织来达成教学目标；另一方面也要考虑到如何能给学员更好的学习体验，比如在课程设计中围绕产品团队负责人面临的几个核心挑战展开，从接手一个老项目、接手一个新项目、项目管理、团队管理入手，只要解决了这几个问题，学员在工作中就已经跳过大坑了，学习体验自然就很好。

设计体系课程的课程结构，跟设计一门知识小课课程结构的逻辑类似，都是结合教学目标做知识点的拆解和组合，但是因为体系课程涉及的知识点非常多，因此合理组合知识点就尤其重要。可以在设计课程结构时多花些时间，不断检查这些知识点组合起来后在逻辑上是否通顺，当前的课程结构是否能支撑教学目标的达成，等等。

讲师不必一开始就将章节标题列出来，最关键的是筛选出与教学目标相关的核心知识点。核心知识点清晰之后，就可根据它们之间的关系来排布章节。另外，也要关注列出的课程结构是否主次分明，要把最重要的章节突出出来，让学员抓得住重点。

**筛选与教学目标相关的知识点是必要的动作。**如果讲师想解决的问题比较多，很容易把课程做得大而全，这种课程会让学员觉得好像听了很多知识点，却又不知道这些知识点都有什么用；也可能会听不懂核心知识点，或者根本不知道核心知识点在哪儿。

为了达成课程的教学目标，讲师要将知识点进行有针对性的取舍，而不是让课程像百科全书一样庞杂（但这样的课程必然没有百科全书那样让人受用）。可以通过判断知识点是否能解决目标学员的真实问题，与学员真实的工作场景是否匹配等，来调整章节结构。

一门针对初级营销从业者的主题为"品效合一的品牌营销入门"的课程，讲师在对该课程结构进行调整的过程中产生了以下几个很典型的"纠结点"。他通过分析梳理这些"纠结点"，对课程结构做了几个很重要的调整，让课程质量上了一个台阶。

纠结点1：讲师认为讲营销如果不讲定位就失去了这个主题的灵魂，必须先把定位普及明白了。但目标学员是初级营销从业者，定位大多数情况下是由总监完成的，学员只需了解定位，随后调整自己的工作就可以了。

因此，讲师的处理办法是不详细展开讲定位，但提供相关材料作为课程的一部分让学员去阅读。并且特别针对学员这种情况，设计了一个自检工具，让学员通过填空就能大概梳理出公司的定位，从而让自己的后续产出不管是在落地页的策划、渠道的选择，还是文案的撰写上，都不偏离公司的定位。这个自检工具得到了学员的一致好评。

纠结点 2：讲师认为要非常完整地讲解如何制订推广方案的知识，但这样的话仅这一章的课就得 3 个小时，而在实际工作中，推广方案的制订周期很长，学员最着急的是要解决如何做科学测算的问题。基于此，讲师将章节重点进行调整，细讲测算过程，将其拆分成不同的步骤，并提供建模方法，使学员更有收获。

纠结点 3：讲师认为数据很重要，一定要给学员讲清楚数据的来龙去脉。但其实大多数从业者都不能清晰地说明数据的原理，更何况是对身为初级营销从业者的学员来说。如果讲师把章节重点放在营销后的效果分析及可视化报告上，学员学完就可以直接用于工作，这样的调整就相对较好。

设计课程的结构，应紧密结合目标学员的现状。目标学员想要什么，就是每一章应该达到的教学预期。好的体系课程能让学员既带着明确的问题，又收获各种启发走完全程。

来看一个典型案例。一个名为"游戏运营"的课程，下表是其课程结构调整前后的对比。

| 第一版<br>课程结构 | **第一章　游戏行业现状**<br>1. 外行眼中的游戏行业，与互联网人眼中的游戏行业的区别<br>2. 介绍游戏平台<br>3. 介绍游戏类型<br>4. 介绍游戏产业：产业链、总产值等<br>**第二章　如何拿到游戏公司 offer（录用通知）**<br>1. 校招流程与准备技巧<br>2. 社招流程与准备技巧<br>3. 入行转岗 |
| --- | --- |

（续表）

| | |
|---|---|
| 第一版<br>课程结构 | **第三章　如何沟通各大业务部门**<br>1. 与运营、市场、研发部门的配合<br>2. 怎么做内部沟通<br>**第四章　如何安排日常工作**<br>1. 运营技能树<br>2. 沟通执行<br>3. 时间管理四象限<br>**第五章　游戏运营人如何快速提升竞争力**<br>1. 如何优化工作效率<br>2. 如何争取工作机会 |
| 第二版<br>课程结构 | **第一章　系统掌握游戏运营全貌**<br>1. 系统掌握游戏公司的业务分工，以及运营业务范畴<br>2. 系统掌握游戏运营的核心岗位能力<br>3. 系统掌握游戏运营的三个阶段、四个周期<br>4. 修炼游戏运营最重要的能力：框架化思维<br>**第二章　顶级方法论：如何做好精细化运营**<br>1. 什么是用户金字塔，什么是精细化运营<br>2. 如何科学地提升游戏的付费率<br>3. 破冰首充方案优化方法论及经典商业案例分析<br>**第三章　如何挖掘游戏付费点**<br>1. 不同游戏在研发之初的付费点是如何设计的<br>2. 系统掌握玩法产出与资源消耗之间的关系<br>3. 可应用于所有游戏的四大付费点挖掘技巧<br>4. 付费点挖掘实战及经典商业案例分享<br>**第四章　如何做好游戏的长线运营**<br>1. 如何设计出让用户愿意玩一辈子的游戏<br>2. 数值类游戏如何塑造公平竞技的游戏环境<br>3. 如何做出不影响游戏平衡且能持续营收的付费点<br>4. 长线运营的经典商业案例分析<br>**第五章　如何设计出有效提升营收数据的运营活动**<br>1. 如何从人人都能做的活动策划中迅速脱颖而出<br>2. 系统掌握互联网领域最好的活动策划框架模板<br>3. 系统掌握所有的营收活动套路及活动变量设计<br>4. 如何控制活动投放节奏及经典商业案例分析<br>5. 快速进阶顶级营收活动策划的四大习惯 |

（续表）

| 第二版<br>课程结构 | 第六章 如何利用数据分析辅助决策，提升营收<br>1. 系统掌握数据分析的价值、指标、方法论<br>2. 系统掌握 N 个数据分析框架、分析方法<br>3. 走出常见的数据分析的思维误区<br>4. 如何通过数据分析辅助决策营收活动<br>5. 如何通过数据评估活动盈亏、分析商业案例<br>**第七章 运营负责人如何让季度营收 KPI 翻倍**<br>1. 首次操盘运营一款游戏时，如何系统思考分析<br>2. 系统掌握让季度营收 KPI 翻倍的三大运营打法<br>3. 如何运用数据分析系统测算游戏现状<br>4. 运用数据驱动研发迭代版本、完成市场投放<br>5. 如何制订季度营收计划，如何推进落地 |
| --- | --- |

讲师设计的第一版课程结构，章与章的跨度很大，每一个话题看似都是游戏运营人员会感兴趣的话题，但是章与章之间没有明显的关联，导致学员学习起来有很强的割裂感。

第二版调整的原因是，目标学员是有着 3~5 年经验的游戏运营人员，或者是想转到运营岗的游戏行业相关岗位人员，他们在工作中总觉得自己缺乏竞争力，晋升无望，具体表现如下。

○ 在部门内不受重视，每天的工作就是跑腿打杂，没有系统的工作任务。

○ 始终在底层摸爬滚打，甚至工作多年还没走上管理岗。也有可能过了很久才终于走上了管理岗位。好不容易能带一个产品项目了，却不知道如何整体开展工作。

○ 每天辛辛苦苦地加班，但游戏做一款"死"一款，自己始终没有明星项目履历。

　　课程不可能将学员的各种问题全部覆盖。讲师可以把这些问题整理归类，判断哪些问题是同类问题，或者找出其背后的底层问题。接着通过用户调研，决定将课程结构聚焦在版本管理、活动策划、数据分析的核心能力版块，交付给学员游戏运营最核心的营收相关能力，帮助他们成为公司的业务专家。

　　我们可以看出，调整之后的课程结构，章与章之间逻辑关系比较清晰，围绕着游戏运营最重要的核心指标，以及游戏运营重要的能力项展开。模块之间既递进又相对独立，后续数据显示这门课程上线后一直保持在高口碑水平。

## 通过竞品分析发现课程的竞争优势

　　讲师不仅要潜心打磨课程内容，也要评估市场环境。如果市场上已经有了很多与预设课程类似的课程，甚至其中不乏非常优质的作品，那么讲师就要考虑如何在自己的课程中体现出差异性。分析市场上竞品的用意，并不是让讲师知道市场上已经有很好的相似产品，就不做了，而是要帮助讲师判断课程怎么做才会更有竞争力。

　　讲师可以从两个维度来判断自己的课程是否具备市场竞争力：其一看市场上潜在的用户需求，其二看市场上已有的直接竞品。潜在需求指的是还没有被市面上已有产品满足的用户需求，直接竞品是指主题相近、形式相近的课程。

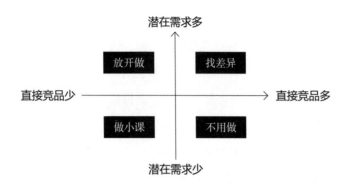

分析用户潜在需求的大小需要结合当前直接竞品的情况来看。如果市场上用户的需求已经都被产品满足了，基本找不到其他潜在的需求，那么不用调查竞品也能推断出生产该体系课程的价值不会太高，讲师可以尝试将其做成一些知识小课来补缺；如果市场上用户的潜在需求还很多，即使竞品也很多，讲师仍然可以再挖掘一下，看是否能找到细分领域的差异化方向。

要做竞品的调研分析，我们可以重点从以下问题入手：这个主题都有哪些课程？分别都是讲什么的？不同课程的卖点是什么？课程的销售情况如何？销量好的课程都是哪些方向的？它们的用户反馈如何？这些课的课程结构是怎么设计的？课程解决了哪类学员的什么问题？哪些问题没有被很好地解决？

我们可以将以上的问题归纳为下表中的几个维度，作为对竞品整理分析的依据。讲师通过分析市场上的竞品，做到知己知彼之后，可以考虑调整自己的课程结构，展示自己课程的核心优势，提高课程竞争力。

| 竞品名称 | 课程名称 |
|---|---|
| 目标学员 | 分析主要针对哪类目标学员，解决了什么问题 |
| 课程卖点 | 摘录课程简介，看看有哪些卖点 |
| 课程结构 | 把课程大纲整理下来。整理内容模块，看有什么特点 |
| 售卖情况 | 课程的定价、销量数据 |
| 用户反馈 | 总结学员对课程的评价。重点看评论 |
| 机会点 | 总结课程的可借鉴之处，看看哪些学员的需求没有被满足 |

举个具体的案例。增长黑客这个概念火了很多年，随着国内对增长越来越重视，增长黑客的学习需求也愈发旺盛，各种相关课程应运而生。三节课也曾选定这个课程方向，并做了竞品调研。下表是我们对其中一个竞品所做的分析。

| 竞品名称 | ×× 增长黑客　系列课 |
|---|---|
| 目标人群 | 给初级增长黑客的入门课程，讲的都是偏科普的理论框架，只教零散的技巧，这些技巧也可帮助入门新手进阶 |
| 课程卖点 | 1. 绑定了增长黑客的新概念，有很多国内的案例<br>2. 讲师在国内有较高知名度<br>3. 专注于一个社交产品领域，在这方面的内容做得很扎实 |
| 课程结构 | 1. 介绍增长黑客的历史<br>2. 介绍增长黑客的常用概念模型，比如 Aha 时刻（顿悟时刻）、PMF、增长模型、AARRR 模型等<br>3. 重点对 AARRR 模型展开讲解，提供了很多案例<br>4. 介绍增长黑客的实施方法<br>5. 介绍如何做广告投放、应用商店搜索<br>6. 介绍与增长相关的工具<br>7. 增长黑客的就业指导 |
| 售卖情况 | 49 元的录播课程，已售 4 000 单 |

（续表）

| 用户反馈 | 1. 干货较少，讲的都是浅层的理论框架。有些内容完全照搬国外的增长黑客理论，只是和国内业务做了结合，但都讲得不够深入，很难落地到具体业务上<br>2. 案例大都是社交产品，感觉不太通用<br>3. 案例有点过时<br>4. 方法"高大上"，但不太适合国内环境 |
|---|---|
| 机会点 | 1. 少讲基础概念，直接提供实战案例<br>2. 设计为给高阶职业人群的课程，而不是给小白扫盲的课程<br>3. 增加其他领域的用户增长案例 |

做完以上分析之后，我们决定依据竞品对自己的课程进行差异化处理，从人群、交付内容上做调整。课程不设计为面向小白的入门课，而是针对"高阶运营负责人"的一套更偏增长规划方法和落地实战的课程。课程结构设计为先分析增长全局，再讲增长人必备的两大基础能力，最后讲解如何制定 AARRR 模型各阶段的增长策略。预计可覆盖大部分增长人遇到的业务难题，使目标学员可以根据一套体系化的解决思路解决业务问题。

那么，怎么找到课程的差异点呢？如果已经有直接竞品占据了市场，我们可以从以下角度找到课程的差异点。

○ 找人群差异：人群可以从工作年限、行业、公司等方面做细分，找用户的不同特点，发现不同用户的细分需求。

○ 找内容差异：如果市场上的学习资料很零散，我们的课程就可以做得更体系化；如果竞品已经很全面了，我们可以寻找一个垂直细分的切入点进行深入讲解。

○ 找目标差异：课程可以交付给学员的学习程度不同，如果竞品更多交付到"深刻理解"，我们的课程就可以加入一些教学设计，把交付做到"熟练掌握"。

○ 找结构差异：让课程结构具有独特的亮点，比如在课程中设计大量与知识点绑定的稀缺案例，或者提供更符合当下学员需求的学习设计。

讲师可以将以上几个差异点组合起来使用，只要差异点找得好，对接下来的课程生产能起到提纲挈领的作用。

一个讲师想开发一门新媒体运营方向的课程，但市面上已经有很多讲新媒体的课程了。课程之所以扎堆出现，是因为从业人员的数量很多，招聘人员的需求也很旺盛，因此这个方向的市场需求也比较大。

在调研了市面上主要的新媒体课程之后，讲师发现目前市面上大部分课程讲的还都是如何写标题、如何找选题等内容生产方面的知识，在这方面已很难做出特色。但讲师在对用户进行调研的过程中发现，新媒体运营人员特别关注"如何快速涨粉""新媒体如何变现"这两个角度，在对市场竞品进行分析后，他发现已有课程对这两个角度讲得都不够系统和落地，也没有成熟的方法。

该讲师很擅长公众号的各种方式的有效涨粉方法，以及涨粉后的变现转化，再加上对以上信息的分析，他便找到了自己擅长、学员刚需、市场有竞争力这三者的结合点，为制作一门优秀的体系课程打下了基础。

　　每个课程的情况不同，课程结构的设计也会灵活多样，这正是体系课程有魅力的地方。讲师要想设计好一个体系课程的结构，不仅需要在课程生产中不断分析和总结，还要分析市面上类似的优质课程结构，经过不断借鉴和打磨，最终做出一个优秀的课程结构。

## 常见的三种体系课程结构

　　如何在刚开始做课时就快速设计好一个不出错的课程结构呢？其实体系课程的结构是有类可循的，讲师可以借鉴以下这三种结构模板：流程串联式结构、模块并列式结构、循序渐进式结构。

　　讲师要根据体系课程中知识点的关系来选择可套用的结构，并不是说哪一类内容就只能用某一类课程结构的模板，只是这些模板可以帮助讲师更快地把课程结构做出来，讲师在实践过程中也可对其灵活调整。这三种课程结构并非泾渭分明，而是可以相互融合的，只不过有主次之分。比如可以在流程串联式结构中嵌套模块并列式结构或者循序渐进式结构，三者融合也是一种选择。越是经验丰富的讲师，越不会拘泥于模板。

### 流程串联式结构

　　流程串联式结构一般多用于能力提升类的体系课程，因为能力项一般需要通过一套完整的工作流程来呈现。先掌握前面的技能，才能更好地理解后面的技能。

　　讲师需要判断知识点之间是否有明显的上下游关联。上下游关联指的是需要先做完某一个环节才能进入下一环节。讲师对其中每个步骤都需详细展开分析，如果确实符合这样的逻辑，该课程就有可能适用于流程串联式的课程结构。

　　下表是课程"新媒体写作"的结构，采用的就是流程串联式。

| 章 | 节 |
|---|---|
| 内容产品的打造 | 1. 新媒体写作的定义<br>2. 新媒体写作需要掌握的能力<br>3. 爆款：不同类型的内容产品如何做出爆款<br>4. 精准定位目标用户的方法<br>5. 新媒体人常见的写作误区 |
| 写作前的准备 | 1. 确定选题<br>2. 素材的搜集、整理和运用 |
| 正文的撰写 | 1. 大纲的制定<br>2. 开头（狗首）<br>3. 中间（蛇身）<br>4. 结尾（猪臀）<br>5. 标题的打磨 |
| 高手的写作技巧 | 1. 设置情绪因子<br>2. 场景描写<br>3. 数字加持<br>4. 设计着陆点 |
| 不同类型的文章写法 | 1. 按文章形式划分<br>2. 按文章内容划分 |
| 新媒体写作运营 | 1. 个人新媒体的传播法则<br>2. 新媒体传播之道<br>3. 用户运营之道 |

模块并列式结构

　　模块并列式结构常常会被岗位体系课所采用。这种结构的特点是将一个岗位的工作分成几个能力模块，例如互联网运营的能力模块可以分为活动运营、文案写作、推广投放等，其中每一点都可以单独拿出来作为一章的课程。

能力提升体系课也会用到这种结构，比如针对不同工作场景里的人需要解决的不同问题，可以按工作场景、岗位需求等维度拆分出几个模块。这些模块是并列关系。只要知识点之间相对独立，就可以采用模块并列式结构。

下表是"互联网运营入门课"的课程结构，包含入门知识、文案写作、活动策划、社区运营、社群维护、内容和新媒体运营等几个能力模块。

| 章 | 节 |
| --- | --- |
| **第一章 运营入门**<br>如何通过学习成为优秀的运营人员 | 1. 运营到底是什么？干这一行有没有前途<br>2. 公司发展对运营工作有什么影响<br>3. 如何通过学习快速成为优秀的运营人员 |
| **第二章 文案写作**<br>如何写出高转化型文案 | 1. 写好文案有什么价值<br>2. 写文案的正确步骤是什么<br>3. 撰写短文案的 5 种经典写法<br>4. 撰写 Banner（横幅）和 App Push（推送）的注意事项<br>5. 如何写 20~150 字的中长型文案 |
| **第三章 活动策划**<br>策划和执行一个完整的活动 | 1. 你一定要知道的 4 种常见活动目的<br>2. 如何快速提出活动创意<br>3. 如何将活动创意翻倍<br>4. 如何写出好的活动策划方案<br>5. 如何完整地执行一个活动<br>6. 如何进行一次有效的活动复盘 |
| **第四章 社区运营**<br>用户分层维系及内容产出 | 1. 社区运营的核心逻辑<br>2. 如何从 0 到 1 搭建 UGC（用户生成内容）<br>3. 如何维系 UGC 和管理用户<br>4. 社区运营的关键：热点话题、活动和关系缔结 |

（续表）

| 章 | 节 |
|---|---|
| 第五章　社群维护<br>如何做好社群管理和增长 | 1. 什么是社群？社群有哪些类型<br>2. 如何引导用户进群<br>3. 社群运营：如何让一个群产生价值<br>4. 社群运营：如何连接群内用户的感情<br>5. 社群运营：如何处理群内问题<br>6. 社群增长：如何操作一场裂变活动<br>7. 社群增长：如何用任务宝进行裂变 |
| 第六章　内容和新媒体运营<br>高质量的内容更新和粉丝维护 | 1. 如何搭建新媒体账号的基础运营框架<br>2. 如何快速策划选题<br>3. 如何搜集内容素材<br>4. 如何建立转载内容来源池 |
| 第七章　选修<br>百度、今日头条、广点通等核心渠道的推广方法 | 1. 第三方推广渠道的定义及常见类型<br>2. 百度、今日头条、广点通等渠道的核心推广逻辑和策略<br>3. 如何完整地执行一次渠道推广<br>4. 以百度 SEM（搜索引擎营销）为例，拆解渠道推广的执行流程 |

循序渐进式结构

本书的结构就是循序渐进式的，双钻模型作为一个核心知识点，反复出现在书中，应用于对知识小课和体系课程生产的教学中。循序渐进式结构是指一套方法论从易到难在不同场景中被应用。换句话说，当知识点可以从易到难，或从单点到组合地运用时，就可以采用循序渐进式结构。

例如"策略产品经理"的课程结构（见下表），就是先把策略产品经理工作的思考方法呈现出来，再不断将其应用在各种业务场景中。

| 章 | 节 |
|---|---|
| 第一章 了解策略和策略产品 | 1. 了解什么是策略<br>2. 了解组成策略的 4 个要素：待解决问题、输入、计算逻辑、输出<br>3. 了解策略是如何诞生的<br>4. 了解策略产品经理的工作流程 |
| 第二章 策略产品发现问题的 4 个方法 | 1. 4 步处理用户反馈<br>2. 搭建监控系统的基本方法<br>3. 通过监控做需求识别，以及明确监控的局限性<br>4. 效果回归与阶段性调研<br>5. 如何找到理想态<br>6. 通过抽样分析明确问题原因<br>7. 通过优先级判断构建项目计划 |
| 第三章 策略产品工作的通用方法论 | 1. 策略需求的不同及简单策略的文档撰写<br>2. 复杂策略需求文档设计<br>3. 跟进开发评估的基本方法<br>4. 通过 Diff 评估（一致性评估）进行开发评估<br>5. 了解什么是效果回归<br>6. 回顾策略工作的思考方法<br>7. 搜索策略的延伸 |
| 第四章 策略在核心业务上的应用 | 1. 了解产品深层的各类业务<br>2. 策略在"功能导向型"核心业务上的应用<br>3.【实例】屏幕亮度策略思考方法<br>4.【实例】目的地模块策略思考方法<br>5.【实例】公交线路推荐模块策略思考方法<br>6.【实例】网页搜索策略思考方法<br>7.【实例】内容推荐策略思考方法<br>8. 策略在"业务导向型"核心业务上的应用<br>9.【实例】商品定价的策略思考方法<br>10.【实例】出行 App 的策略——从 0 到 1<br>11.【实例】出行 App 的策略——从 1 到 N |

（续表）

| 章 | 节 |
|---|---|
| 第五章　策略在其他业务上的应用 | 1. 策略在增长上的应用<br>2.【实例】出行分享红包（拉新）<br>3.【实例】外卖平台的优惠券和套餐（促活）<br>4.【实例】出行平台司机补贴的进化（促活）<br>5. 策略在风控上的应用<br>6. 策略在数据上的应用 |

相比于前两个模式，循序渐进式的课程结构在技术类课程中被采用得较多，但这种结构很考验讲师的全局设计能力，要求方法论结构牢固，能被应用在不同工作场景中。如果应用得当，这将会是课程的一个亮点。

还有一种处理方式，就是讲师把一个大的知识点拆开，分成多个小知识点来讲解，后面在讲具体应用时再将其组合起来，向学员展现知识点如何应用到几个不同的工作场景中。比如，在"互联网业务数据实战课"的课程结构中，讲师首先从实际业务的案例引入，讲解一套数据分析方法的思路，然后逐一详细讲解三个具体的数据分析方法，后面再通过一个真实的大案例来呈现如何应用之前学到的方法。这样的课程设计使学员能够切实感受到这些数据分析方法的价值，也能够将其直接代入自己的工作中进行对照应用。

### 打磨课程交付物

在前面章节已经固定下来后，讲师就可以认真去规划交付物了。在体系课程的生产流程中，最关键的就是打磨课程的核心交付物。如果交付物设计清楚了，接下来的细节设计、PPT 设计等就很容易了；如果这个环节没做好，课程做到一半再推倒重来的概率极大。

优质课程的特点是：方法论扎实、交付很清楚、结果可衡量。

○  方法论扎实，指方法论能固化成流程，每个流程的操作过程明确可被检验。

○  交付很清楚，指学员学习完毕后可以将交付物做出来。最低标准是能将其模仿出来，最高标准是能跨界灵活运用。

○  结果可衡量，指学员做出交付物后，有明确的标准对其进行评估，并且学员知道接下来要怎么调整交付物。

交付物是每个课程小节中让学员学习的关键方法、工具、文档、Demo 等，确保学员能够跟着讲师学习和练习，最终能够解决日常工作中遇到的具体问题。讲师可以通过一张清单，将前面的章节进行拆分，标注每个小节的重要内容（其实就是每个小节的 PPT 概要），如下表所示。

| 课程名称 | 用户增长专家 | |
|---|---|---|
| 学员目标 | | |
| 第一章标题 | | |
| 节标题 1 | 知识点（交付物） | 小节目标 |
| 节标题 2 | 知识点（交付物） | 小节目标 |

（续表）

| 第二章标题 | 互联网用户生命周期的增长策略 | |
|---|---|---|
| 2.1 理解新用户激活的目标 | 2.1.1 什么是 Aha 时刻<br>2.1.2 为什么要找到 Aha 时刻<br>2.1.3 如何描述产品的 Aha 时刻<br>**交付物：常见产品的 Aha 时刻数据值表格** | 深刻理解 |
| 2.2 4 个步骤，找到新用户的 Aha 时刻 | 2.2.1 找到 Aha 时刻的流程<br>2.2.2 展开讲解 4 个步骤<br>2.2.3 如何评估是否找到了 Aha 时刻<br>**交付物：4 步汇总 PPT** | 简单应用<br>选择题：4 款产品的 Aha 时刻指标 |
| 2.3 寻找新用户激活线索的方法：激活漏斗 | 2.3.1 了解激活漏斗<br>2.3.2 为产品制定激活漏斗<br>2.3.3 设计激活提升策略<br>**交付物：激活漏斗维度** | 熟练掌握<br>作业：为某一社交产品设计激活漏斗 |
| 2.4 寻找新用户激活线索的方法：激动指数 | 2.4.1 了解激动指数<br>2.4.2 为产品制定激动指数及计算方法<br>2.4.3 如何向产品经理提激动指数型需求<br>**交付物：计算方法** | 熟练掌握<br>作业：为某会员产品设计一个激动指数的改进需求 |
| 2.5 新用户激活的最佳实践 | 2.5.1 某电商产品的案例<br>2.5.2 某社交产品的案例<br>2.5.3 某健康产品的案例 | 基本知道 |

下图是上述课程第二章第 2 节的交付物。

## ▶▶ 如何找到 Aha 时刻？

| 提出<br>备选行为 | 找到<br>激活行为 | 计算<br>魔法数字 | 测试验证<br>因果性 |
|---|---|---|---|
| 通过关键问题和用户调研，列出3~5 个可能代表Aha 时刻的新用户激活行为 | 通过数据分析找到这些行为中和用户留存率正相关性最强的关键行为，也就是激活行为 | 通过数据分析找到这个关键行为的最佳次数，也就是魔法数字 | 通过 A/B 测试验证因果性，确认推动用户完成早期关键行为确实可以提升留存率 |

| 开放性探索 | 相关性 | | 因果性 |
|---|---|---|---|
| ○ 产出：<br>3~5 个备选行为 | ○ 产出：<br>定位 1 个关键行为 | ○ 产出：<br>确定关键行为的次数 | ○ 产出：<br>确认 Aha 时刻 |

下图是该课程第二章第 3 节的交付物。

## ▶▶ 激活漏斗分群：九个维度

通过激活漏斗分群，了解不同分群是否流失率不同

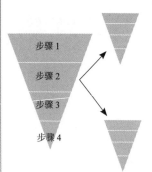

| 用户画像 | 获客渠道 | 设备平台 |
|---|---|---|
| 不同用户画像 | 不同渠道来源 | 手机或台式机等 |

| 产品线 | CRM 渠道 | 红包补贴 |
|---|---|---|
| App V.S. 小程序，低价产品线和高价产品线 | 是否收到，或收到不同的推送、邮件 | 有没有新用户红包或补贴 |

| 人口学 | 客服互动 | 社群互动 |
|---|---|---|
| 不同国家、城市、年龄、性别 | 有没有和客服或客户成功互动 | 有没有参与过社群互动 |

步骤 1
步骤 2
步骤 3
步骤 4

在打磨交付物的过程中，我们会不断检视"这个方法是否能解决原本定义的学员问题""目前的交付物是否能支撑学员达成最初的教学目标"等问题，可能会出现教学目标需要调整的情况。

常见调整方向一：进行人群调整

通过案例来看，一门新媒体写作课程的"如何做好爆款选题"一节，原定的教学目标是让"有了解"的学员熟练掌握制定爆款选题的方法。然而讲师在设计交付物的时候，发现普通学员的真实问题是连基础的话题都找不到。因此讲师重新设定了目标学员，把"有了解"的学员调整为"有经验"的学员，后者具备对常规选题的认知，讲师只需要讲解如何把一些基本面尚可的选题变成更具爆款潜质的选题即可。

常见调整方向二：把问题进一步细化

比如，"运营进阶课"的"活动运营"章节，原定的教学目标是让"有了解"的学员能自己独立策划并执行一场活动，但是讲师在设计交付物的时候，发现其中变量太多了，超出了交付物可以覆盖的范围，因此重新细化目标，将其定位到帮初步了解活动运营的学员找到业务类型相似的产品，从中快速学习经验。

常见调整方向三：划定方法论的适用边界

在"新媒体进阶课"的"定位"章节中，原定的教学目标是让"有经验"的学员熟练掌握一个公众号的定位。讲师在设计交付物时发现，公众号定位会因为新老账号的区别而在运营方法上略有不同，因此讲师调整了方法论的适用边界，即面对一个新的公众号，学员如何从 0 到 1 规划定位。

正是在这样不断打磨交付物和调整教学目标的过程中，课程内容才会变得越来越扎实。

## 总结一下

设计体系课程的结构需要考虑的因素较多，讲师一定要记得紧密围绕教学目标，通过打磨交付物来验证教学目标是否可达成。章节之间的逻辑关系非常重要，可选择套用的三种常见的课程结构为流程串联式结构、模块并列式结构、循序渐进式结构。讲师在设计课程结构时，需要注意课程的重难点，突出课程的差异性。

## 练习一下

1. 根据教学目标盘点出与之紧密相关的知识点。

2. 根据知识点之间的关系，从三种常见的课程结构中选择一个进行设计。

3. 结合竞品调研结果，找出课程的差异点。

4. 打磨一个课程的交付物。

5. 按照下面的模板，设计出一个初版的课程结构。

| 课程名称 | | |
|---|---|---|
| 学员目标 | | |
| 第一章标题 | | |
| 节标题 1 | 知识点 1<br>知识点 2<br>知识点 3<br>交付物 | 小节目标 |
| 节标题 2 | 知识点 1<br>知识点 2<br>知识点 3<br>交付物 | 小节目标 |
| 第二章标题 | | |
| 节标题 1 | 知识点 1<br>知识点 2<br>知识点 3<br>交付物 | 小节目标 |
| 节标题 2 | 知识点 1<br>知识点 2<br>知识点 3<br>交付物 | 小节目标 |

## 体系课程第四步：设计学习体验

体系课程的学习体验非常重要。体系课程课时较长，一般会在 5 个小时以上，因此学习这类课程需要一个长周期，学员学习的难度较大，很容易半途而废，无法按照讲师设想的学习路径前进，教学目标也很可能无法达成，这就需要讲师从设计课程的学习体验入手改善这一问题。

在核心交付物已经相对明确的情况下，讲师通过这一做课步骤可以给予学员最佳的学习体验。如果所有知识点都平铺直叙地呈现，学员自己很难消化。设计学习体验就像是设计游戏关卡一样，既要保证学习的难度不会阻碍学员前进，也要保证学员可以完成核心任务、走完学习旅途。

设计课程的学习体验，其核心要解决的问题是如何保持学员的学习动力，降低学员的学习门槛，给予他们恰当的反馈和激励，以帮助学员完成整个体系课程的学习。

不同于知识小课，体系课程更重视让学员能应用所学，所以会涉及带着学员做训练的内容。讲师在这一步多投入一些时间，让学员能够参与到训练中来，从而使他们达到"越付出越拥有"的良性学习状态中。好的体系课程并不是一个完全给予的过程，而是跟学员共创的过程，让学员在学习中获得知识、贡献思考、付出精力、建立自信，最终有所收获。

**设计学习体验曲线**

学员学习新知识，就好像爬一座高山，他们会面临很多困难，如果不能得到适当的休息和激励，过载的信息和过多的挑战就会让他们产生挫败感，变得容易气馁，最终放弃学习。

我们需要理解学员的状态，给他们设计"梯子"、给予"登山杖"，因为我们最终的目标是支持他们爬到山顶。设计学习体验就像电影导演设计故事情节一样，需要把控好课程的节奏，如果节奏过紧，学员就会畏难，如果节奏过松，学员也会觉得无趣。

讲师需要根据学员的学习状态，给课程设计一个合理的学习体验曲线，让学员在学习新知识的过程中，既能感受到学习的充实感，也有缓冲的时间去充分吸收知识，保持在一个较为合理的学习状态中。

根据上述设计理论，我们可以结合学习时间、学习难度以及学习收获三个因素给课程做一条引导学员的体验曲线。

为了让学习过程更符合人性，讲师应尽量避免让高难度内容持续扎堆，这会打击学员的信心。从下图可以看到，曲线呈现出阶梯的形状，这是因为把难易章节做了穿插设计，确保难易章节之间有衔接、有过渡，整体学习体验有起有伏，衔接顺畅。

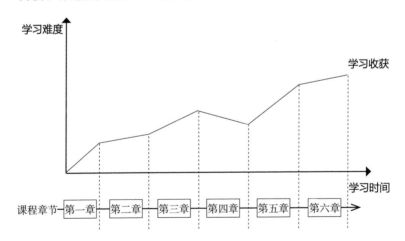

举一个实际的案例来看，下图是"互联网业务数据实战课"的学习体验曲线。

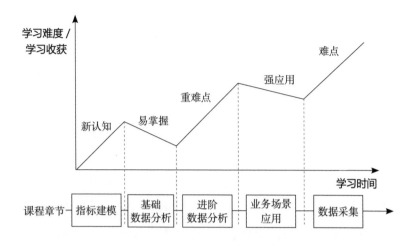

实际上，数据分析的工作顺序应该是：数据采集—指标建模—观测数据—数据分析—指导业务，但讲师在设计课程时，把数据采集这个部分挪到了后面，原因是数据采集内容对目标学员来说比较难理解，而且内容枯燥，学习难度很大，容易使学员丧失兴趣，因此这部分内容没有放在一开始的地方。学员在已经熟悉了课程节奏之后再学习数据采集，让其作为一个新挑战出现，学员会更好接受。

学习体验设计是服务于课程的，所以不用必须按照这个曲线图设计课程内容。所有的工具都是辅助，不应生搬硬套。如果存在一个非常重要的核心知识点，虽然学员很难学会，但如果不了解它又会极大影响课程的学习，那么它就可以被放在任何地方，甚至可以在开头就出现。讲师采用"当头一棒"式的课程设计也未尝不可，不过在讲述的过程中，一定要向学员传达清楚这个知识点有多重要，引起他们对内容的重视。

　　再来看一个具体的案例。在设计"产品经理入门课"时，讲师梳理了一下各章节的重要程度和困难程度，如下图所示。"重要"指的是跟教学目标的达成紧密相关，"困难"指的是目标学员掌握起来难度会比较大。

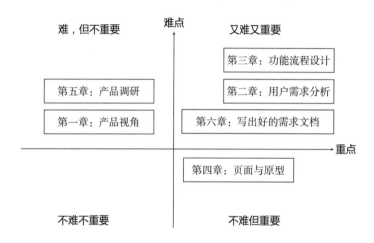

　　第二章"用户需求分析"和第三章"功能流程设计"非常重要，这两项都是产品经理的日常工作，也是初阶产品经理通过练习掌握后，可以快速胜任工作，并与同事拉开距离的能力。

　　第六章"写出好的需求文档"也比较重要，这属于产品经理的软实力，存在创新空间，想要做好是需要个人素质和经验的积累的。学员通过学习获得基础方法论后，要在实际工作中再不断积累该能力。

　　重要的章节还有第四章"页面与原型"，不过学习起来不算很困难，可以通过模仿别的产品来完成，学员对着好产品多练习就好，特别是在需求挖掘和流程梳理基础扎实后，画出原型就相对简单了。

　　第五章"产品调研"对于初级的产品经理来说不算很重要，他们有可能会在找工作时用到，而在真正的工作中不常需要去做整体的产品调研。但是讲师需要让学员理解调研思路，使他们在需要做局部产品调研时，有可以借鉴和指导的地方。

　　结合产品经理的日常工作，讲师最终把课程重难点排布如下图。

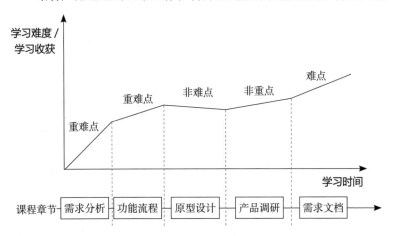

## 针对知识点的学习体验设计

　　学习体验曲线是对整个课程节奏的设计，而具体到对知识点的设计，也需要讲师重视起来。有些知识点会特别难攻克，讲师需要针对这些难点做特别的设计。

　　针对特别难理解的知识点，讲师一方面要帮助学员减轻学习压力，激发学员更多的兴趣，比如举一些成功案例，让学员看到理想结果，把学习目标具象化；另一方面要给学员提供更多动力，比如让学员先实际操作一遍，讲师根据实操情况点明他们其中遇到的问题在哪里，让学员带着问题去学习。

下面提供几个设计技巧，供讲师参考。

针对单个抽象知识点

首先，讲师多把知识点放到具体场景中让学员去理解，可以举具体和真实的案例。

其次，图表、模型、类比等形式可以有效帮助学员形成认知。如前文提到的"1234"模型。

另外，可以考虑加入一些小的互动设计，比如选择题互动、阶段性总结等，都会有助于学员学习。

针对知识点之间的关联

关键知识点可以重复出现，串联整个学习的过程。这样一方面可以加深学员的记忆，另一方面可以帮助学员把当前知识跟之前的知识关联起来，使学员的理解更深入。

讲师可以直接将知识点之间的关系整理出来提供给学员，比如可以给学员做一张清晰的学习地图（如下图），让学员像打游戏一样知道自己在第几关，这样他们的焦虑感会降低，成就感会提升。

在每个阶段的课程完成后，这张图都可以出现，此时讲师会告诉学员他们学完了哪些内容，还有哪些内容需要学习，学完之后可以做什么，以此引发学员的期待。

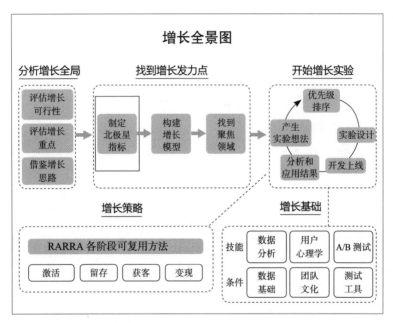

注：RARRA 是一种用户增长模型

## 如何设计课程中的练习题

学员学习新职业类课程是为了习得一种技能，为了致用。因此，刻意练习、熟练掌握甚至将所学变成工作习惯就尤为重要。练习题是讲师帮助学员以练带学的载体，能够让知识点"可练习、可交付"。

当体系课程的教学目标提到需要学员"熟练掌握"某个知识点时，练习题就是必不可少的。

在设计练习题时，讲师要把学员还原到一个真实的工作场景里，让学员来解决某些具体问题。这些问题应该是学员在工作中就会遇到的，并且他们可以使用课程里讲的知识点来应对。学员做练习题的动力是通过刻意的练习，有能力解决之前无法应对的问题，因此练习题要避免涉及课程里没讲的内容。

因为没有标准的知识点考纲，所以设计新职业类课程的练习题的难度反而会更大，讲师需要不断假设、验证，比如假设练习题的考查目标和考查点，用大量的作业反馈结果来验证是否需要对练习题进行迭代和调整。

下面，我们依次来了解设计练习题的各个步骤。

### 确定考查目标和考查点

练习题的考查目标来自课程的教学目标，讲师可以通过考查目标的达成情况来验证学员是否通过学习课程达成了教学目标。一个教学目标下可以有多个考查目标。

在设计课程结构的时候，我们明确了课程各章节的教学目标，其中需要解决的问题有：目标学员是谁，本课要给他们解决什么问题，需要解决到什么程度，讲什么知识点，设计哪些交付物。这些信息是设计练习题考查目标的依据。比如，让一个刚入职的新媒体运营写一篇转化文案，这是教学目标，那么练习题的考查目标就是"学员可以简单应用框架完成一篇转化文案，且该作品符合转化文案的三个特点"。

考查目标应尽量简明扼要，清晰明确，确保一个练习题只有一个考查目标。

比如"产品经理进阶课"里有一章讲"用户需求挖掘"，其中有三个小节，分别为：用户特征分析、深度用户调研以及通过数据发现问题。

这一章重点培养的是学员的用户调研能力，旨在让学员建立挖掘用户需求的意识，避免主观片面地了解用户，促使产品经理通过数据分析有理有据地去设计产品，利用数据精细化分析方法研究用户的行为路径。所以学员的数据分析能力需要达到可以简单应用的程度，才能做到挖掘用户需求。这一章的考查目标最后设定为"学员可以简单应用数据分析的方法，得出用户在使用产品时的问题和需求"。

一个练习题里会包含多个考查点，考查点就是学员做完练习题之后，需要通过哪些维度来考查结果是否合格或优秀。

举个例子来看，来学习"产品经理进阶课"的学员很多是"野路子"出身，以往全靠直觉收集用户需求，压根儿没有考虑到要从数据分析中挖掘需求，在产品上线之后也只看其最基本的数据，比如产品注册量、用户活跃度、付费用户数等，没有更深入地研究过用户行为数据，所以并不能从数据中挖掘出用户更多的需求。但是，数据分析是很多初级产品经理进阶所必须补充的能力，也是让"野路子"走向正轨的必备能力。

这门课的练习题考查点可以进行如下设计。

○　能通过产品分析，找出用户的关键行为数据。
○　能基于基础的数据分析，找出当前产品存在的问题。
○　可以从数据中分析出目标用户的特质，找出用户潜在的需求。

在确定练习题的考查点时，讲师要关注达成此目标的重难点。重点指的是必须让学员掌握的知识点，如果学员没有掌握该考查目标就无法达成；难点指的是需要学员花费更多时间和精力去练习的地方。需要注意的是，练习题考查的重难点必须都是讲师在课程中教过的，最好是明确指出的，否则就是超纲了。

设计练习题的题面

一个完整的练习题的题面包含三个部分：标题、背景、要求。

标题需明确地指出学员要做的工作任务，以便识读辨认。工作任务需要选择最贴合考查目标的。讲师可以将完成考查目标所需的所有任务依次列出，评估各个任务对本次考查目标的重要性，及完成该任务所需的时间、难度，以挑选出相对合适的任务。

为了让学员更能理解练习题的内容，讲师需要在题面上补充一些背景，最好能让学员直接代入自己实际的项目情况，有真实的数据能得出更实际的反馈，这样学员会有更强的动力。

如果找不到这种背景，讲师可以模拟一个练习题背景，增强学员的代入感。这种背景通常有以下几个关键点。

○　有一个具体的身份，比如新媒体运营负责人 / 新人。

○　有一个具体的现状，比如涨粉困难 / 学员活跃度不高。

○　有几个具体的任务，比如 7 天涨粉 1 000 个 / 做一次活动策划。

○　有一些具体的资源（可选），比如资金 / 人事 / 外部合作资源。

○　要一个具体的产出，比如产出一个活动策划方案 / 一周的选题策划方案。

我们以"产品经理进阶课"中"用户调研"章节的练习题作为案例,它的练习题题面如下:

你是一个新入职某公司的产品经理,公司目前正在布局知识付费领域,打算做一款独立知识付费型平台产品,类似于得到App。

你作为刚入职知识付费订阅领域的产品经理,上司让你对至少三个知识付费订阅重度用户进行调研,并整理成调研报告。本次用户调研报告的要求有以下几点。

1. 调研方法流程需要与下图的内容保持一致。

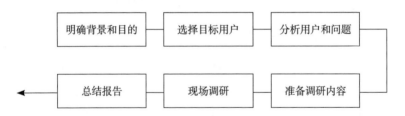

2. 能对至少三个重度用户的特征进行整理分析,内容包含重度用户的基础属性、社会关系、消费能力、行为特征、心理特征等。

3. 总结知识付费订阅重度用户的典型特征。(重度用户特征是指单个用户在使用产品时的特征;典型特征是指能代表大部分用户在使用产品时的特征。)

以上便是这道题的完整题面。为什么"产品经理进阶课"的"用户调研"章节的练习题会选择这样的工作场景?主要出于以下两方面的考虑。

1.场景选择：新产品初期。

题目背景设置为新产品的初期阶段，是因为这个阶段会更加考验产品经理做用户调研的能力，有些创业公司也会让刚入行没多久的产品经理去负责对项目从 0 到 1 的探索，其中学员的调研能力很重要，这是"产品经理进阶课"练习题的设计目的。

2.产品选择：垂直且热门的产品。

背景最好和现在的热门领域结合，找一些用户类型相对垂直的产品，这样学员更容易做调研。比如在知识付费里相对垂直的领域，学员的共性特征比较相近，不会因为行业不同产生样本偏差。

总的来说，当讲师需要模拟一个工作场景作为练习题的题面时，可以考虑以下几个因素。

○ 信息可获取。选择当前还存在的（最好是热门领域的）产品或项目作为场景素材，不建议用很久以前的或已经消亡的产品或项目。

○ 产品或项目的状态稳定。有些过于早期的产品或项目，短时间内可能会出现产品的大调整，因此带来产品数据的巨大变化，难以被拿来做分析。

○ 不建议选择有强地域性属性的产品或项目，因为线上学员来自不同的地方，这将导致部分学员无法获得预设的学习体验。

○ 不建议有限定条件的产品或项目，比如做百万级店铺运营的分析，因为不是所有学员都有此实操条件。

○  不建议选择还需要额外付费的产品或项目，比如体验某个商城，并购买一些商品，因为学员还要自行承担费用。

建议在题目里给到学员有关这个背景的所有参考资料，包含题目里涉及的背景信息、相关数据等，主要是为了节省学员额外获取信息的成本，把精力聚焦在更重要的考查点上。

批改练习题

新职业教育的练习题，特别是商科类的练习题，基本都是主观题，因此答案是开放性的，就像做业务一样，不能说某个方法就一定不对，这会给讲师批改练习题带来一定难度。所以需要出具详细的教案来辅助批改。因为批改的文字涉及具体的教学内容，这里仅做一些简单的说明。

批改教案一般包含解答要点、批改标准和优秀范例。

解答要点更多是指从工作的实际情况出发，对学员练习题答案的逻辑角度、可行性等方面进行批改反馈。比如设计活动创意的题目，答案往往个性化程度很高，学员可以结合着产品，来评估活动的落地性、真实性和系统性等。

批改标准要根据考查点的内容来看。再以前文中"产品经理进阶课"的练习题为例，可以给出以下几个标准来判断。

○  报告结论的合格标准：能从用户反馈中，落实与产品相关的实际问题。

○ 报告结论的优秀标准：将自己收集到的每条用户反馈都进行了概括，并做了合理分类，并将相类似的反馈主题进行合并。最后使反馈类型之间不重复，能清晰地展现出用户反馈中存在的产品问题和用户需求。

关于优秀范例，讲师可以自己先做一份，后续可以替换成学员的优秀作品。提供优秀范例的作用是让学员更直观地理解这道题的评判标准。

练习题的测试和迭代

练习题设计完之后，讲师要通过多次验证，评估其是否能达成最初的考查目标。

讲师可以自己先做一遍练习题，明确课程中所有的知识点都覆盖了，题面是通顺的、清晰的。有条件的讲师可以招募一部分内测学员体验自己的课程和练习题，分析他们提交的习题答案，收集他们的反馈，并据此及时调整题目。这种方式主要为测试练习题的合理性和有效性，确保目标学员能理解、做出练习题，并通过练习达成教学目标。

事实上，学员在做练习题时很大概率会面临以下情况。

○ 看不懂题面，或者理解错题面的重点。
○ 完全不会做，课程的方法论不能支撑其解答练习题。
○ 解答出来的内容偏离了课程的考查目标。

　　这些情况都很正常，讲师要保持耐心去认真发现问题所在，并及时做练习题的迭代，收集学员卡壳的问题及花费时间最多的部分，不断使练习题考查的知识点、难度和风险点更清晰。

　　总而言之，要想设计好体系课程的练习题是不太容易的，本书所讲仅仅是非常初步的粗略介绍，讲师可以在实践中继续总结经验。

　　设计一个体系课程的练习题所需要的资料同下表。

| 考查目标 | 结合本章节设计的教学目标 |
| --- | --- |
| 考查点 | 从教学目标中拆解出来的考点 |
| 题面设计 | 包含题目、背景、要求 |
| 批改教案 | 包含解答要点、批改标准、优秀范例 |

　　下面是"互联网业务数据实战课"的练习题设计案例，可供讲师参考。

　　1. 教学目标。

| 章 | 节 | 知识点 | 考查目标 | |
| --- | --- | --- | --- | --- |
| | | | 普通用户 | 困难用户 |
| 指标建模 | 数据指标选取 | 1. 拆解业务模块<br>2. 判断模块类型<br>3. 根据模块类型，选取数据指标<br>案例：iMoney（爱盈利）数据指标选取<br>案例：闲鱼数据指标选取<br>案例：土巴兔（早期）数据指标选取 | 1. 熟练掌握根据业务目标拆解业务模块并选取数据指标的方法论<br>2. 能够将知识点应用到自己的业务中，选择出关键的数据指标 | 1. 深刻理解根据业务目标拆解业务模块并选取数据指标的方法论<br>2. 能够在助教的指导下，仿照方法论完成部分关键指标的选取 |

（续表）

| 章 | 节 | 知识点 | 考查目标 | |
|---|---|---|---|---|
| | | | 普通用户 | 困难用户 |
| 指标建模 | 关键指标的拆解和应用 | 1. 明确关键指标<br>2. 拆解关键指标<br>3. 列举影响因素<br>4. 搭建监测报表 | 1. 熟练掌握常见数据指标的拆解思路<br>2. 能够明确自己的关键指标，完成指标的拆解和数据监测报表的搭建 | 1. 深刻理解关键指标的拆解思路<br>2. 能够在助教的指导下，搭建出基础的数据监测报表 |

2. 考查目标。

| 考查目标内容 | 帮助学员通过课程所学方法论，解决实际业务问题 |
|---|---|
| 考查点 | 1. 负责一款产品 / 独立业务模块的学员：能根据业务目的拆解业务模块并选取数据指标<br>2. 负责达成一个明确数据指标的学员：熟练根据核心数据指标，掌握正确的拆解思路，并完成对指标的拆解 |

3. 题面设计。

从当前学员的业务目的出发，参考课程中指标选取的方法论，完成分析业务关键指标并选取的任务。设计练习题所需步骤可参考如下。

（1）从最终目的出发梳理业务模块，可思考以下几个问题。

○ 学员当前的业务对公司的价值是什么？

○ 当前业务的最终目的是什么？为了达成这个目的需要通过哪些业务模块的支持？

○ 每个模块在实现最终目的的过程中担当什么角色？是实现目

的的手段，还是支撑手段的工具和支撑手段的手段？

（2）判断业务模块所属类型。

判断业务模块所属类型是哪种。例如，是工具模块、内容浏览模块、交易模块、社区模块还是其他的模块，并说明判断依据。

（3）根据业务模块所属类型选择数据指标。

每个模块选取的数据指标要对该模块实现最终目的起到"预警"或"促进"的作用。且每个模块的数据指标结合在一起要能还原业务全貌，并描述业务的发展情况和最终目的的达成结果。

（4）练习题说明举例如下。

○  如课程中所说，模块的拆解与划分具有主观性，故此处并无绝对的对错。我们更关心你的拆解过程是否合理，选取的指标能否回归业务的最终目的。

○  好的指标能够前置地"预警"业务结果，更好的指标是"可操作、可干预"的。

○  该练习题的建议完成时间为 2~3 个小时。

4. 评分标准。

| 定档 | 分值区间 | 批改标准 |
|------|---------|---------|
| 强烈推荐 | 9~10 分 | 1. 框架完整，业务拆解和指标选取与题目中涉及的业务结合性强，既是独立思考成果，也有具体细节展开<br>2. 有自己的思考，或者提供的角度独特且有亮点 |

（续表）

| 定档 | 分值区间 | 批改标准 |
|---|---|---|
| 优秀 | 8分 | 1. 框架完整，业务拆解和指标选取与题目中涉及的业务结合性强，既是独立思考成果，也有具体细节展开<br>2. 指标选取无错误，内容展现得简洁、清晰、有条理 |
| 合格 | 6~7分 | 1. 业务拆解和指标选取基本合格<br>2. 练习题的整体框架和逻辑没有问题，也没有遗漏大的知识点或者跑题，答案比较完整 |
| 不合格 | 3~5分 | 写出了一些实质性内容，但是解题思路不完整（助教可以在评语中说明清楚，练习题答案还需要补充哪部分内容，再对已有内容进行批改反馈） |
| | 1~2分 | 没有写出任何实质性的内容，只是随便写了几个指标 |
| 打回 | | 无实质内容 |

**总结一下**

　　讲师对体系课程学习体验的设计从整体到细节都要考虑到。一方面，要关注学员的学习曲线，使难度设计尽量符合成人的学习习惯；另一方面也要关注知识点的呈现方式，让学员能更直接地学到技能。对于需要通过练习题对学员进行训练的体系课程，讲师要设计好练习题的考查目标、考查点、评分标准等。

**练习一下**

　　1. 按照你的体系课程各章节的难易程度，做一个课程的学习曲线图。

　　2. 绘制一张知识点的全景图或流程图。

3. 结合一个章节的教学目标出一道练习题。

4. 按照下面的模板，设计一个练习题的教案。

| 考查目标 | 结合本章节设计的教学目标 |
|---|---|
| 考查点 | 从教学目标中拆解出来的考点 |
| 题面设计 | 包含题目、背景、要求 |
| 批改教案 | 包含解答要点、批改标准、优秀范例 |

## 体系课程的自检清单

有关生产一门体系课程的四个步骤在前文已经讲完，有一些具体的操作方法，讲师只有在真正做课的过程中才可以进一步领悟和精进。

结合上述提到的所有内容，我们给做体系课程的讲师制定了一个整体的自检清单，帮助讲师从一些基础的维度进行课程设计的自我检查。

| 自我提问 | 判断标准 |
|---|---|
| 教学目标是否清晰 | 1. 是否针对目标学员在工作中可能会面临的问题而设计，而不是针对大而全的问题<br>2. 目标学员学完课程后，是否能够达到预期的教学效果 |
| 痛点是否明确 | 是否有完整的痛点场景（提出问题或说明场景，吸引学员注意力，明确需要解决的问题） |

（续表）

| 自我提问 | 判断标准 |
|---|---|
| 内容有含金量吗 | 1. 解决问题的核心交付物是否具体、落地、有创新性<br>2. 和其他直接竞品相比，是否有明显差异化的优势点 |
| 课程结构的逻辑是否合理 | 1. 章与章、节与节的逻辑关系是否清晰合理<br>2. 每一章和每一节的标题能否让学员感知到学习的价值 |
| 讲述方式是否清晰 | 知识点的呈现能否被清晰感知；是否符合学员接收信息的习惯 |
| 颗粒度是否够细 | 解决方案是否足够细致到学员可以拿来即用 |
| 内容是否靠谱 | 课程知识能否在不同情境下帮助学员解决具体问题 |
| PPT 的美观度怎么样 | 是否达到以下要求：排版合理，基本对齐，配色不突兀，没有大量文字的堆积，PPT 内容与讲述内容基本匹配 |

第
五
章

课程内容
设计的技巧

新职业类课程的学员，其学习需求多元分散，并且会持续追求更新的知识，需要更多讲师快速地生产"与时俱进"的课程，即便课程的方法论五花八门，也有利于推动行业的快速发展。

为了支持新讲师制作尽可能优秀的在线课程，本章会给出一些内容设计上的相关技巧，主要是三节课讲师们的做课经验总结，以实际使用的图片形式提供借鉴和参考。


## 如何设计个人介绍

讲师一般会在课程开始时进行自我介绍。有的讲师会把个人经历讲得很全很细，但或许学员并不需要，甚至有可能引起学员的反感；若讲得太简单又无法让学员对其建立信任感。那么如何做好个人介绍呢？

通常来讲，遵循个人介绍的这两个原则即可：适度和相关。

适度，是指如实地说明自己的工作背景，无虚假、不夸大，与学员平等对话，正常描述自己的经历和经验，切忌居高临下的高傲态度。

比如，讲师可以如实地讲自己有 2 年营销策划的工作经验，做过 3 个大型的营销项目，给公司带来多少营收效果，但不必浓墨重彩地渲染那 3 个营销项目有多厉害，得到了公司多少人的赞扬。个人的经历是一种证明，但并非决定课程质量的关键因素。

相关，是指只需要讲与本次课程相关的经历，而不是把所有的经历都讲一遍。对于学员来说，讲师的个人介绍可以使其产生对课程的信任感，在学习课程时有所预期，并逐渐打消对课程质量和学习效果的疑虑。

比如，一个讲大数据架构设计的讲师在做个人介绍时罗列了自己过往十多年的工作经历，但其实他只需讲过去 2 年完成了 3 个大型数据架构设计即可，这样更容易获得学员的信任。对讲师来说，快速让学员建立起对自己的信任至关重要。

下图左侧是某位讲用户增长相关课程的讲师所做的个人介绍，我们可以看到这个个人介绍一直围绕着用户增长的标签展开，也只列出与用户增长相关的工作经历，同时文字言简意赅，比较容易获得学员的信任。

对比下图右侧某讲师的个人介绍，里面罗列了太多的个人经历，这样的个人介绍至少需要讲 5 分钟，反而会让学员无法抓住重点。

|  信息适当  |  信息过多  |
|---|---|

**讲师介绍**

○ 前 VIPKID 用户增长操盘手

○ 3 年时间从 0 到 1 搭建老带新增长体系

○ 带领团队管理百余项目，为公司贡献多于 65% 的新生转化

○ 团队开创的朋友圈个性化海报（海报模板＋学员照片）及部分老带新工具，已成为教育公司老带新获客的标配

**讲师介绍**

○ 原美团产品专家、在线教育产品总监

○ 曾任职百度、淘宝及创业团队

○ 有超过 12 年的互联网产品和管理经验

○ 主导美团用户端、商家端、百度本地生活服务等核心业务

○ 对在线教育、O2O、电商和社区等领域有丰富的实战经验

○ 擅长通过专业的心理学方法，打造符合用户思维的产品

总结一下，对讲师自我介绍的建议有以下几点。

○ 不需要罗列自己过往所有的工作经历。重点讲与课程内容关联性强的，关联性弱的一笔带过即可。

○ PPT 内容不要太多。线上课程一页 PPT 的讲解时长控制在 2 分钟以内。

○ 讲解时，不要逐字逐句去读自己的经历，可详细地展开讲自己过往经手的项目。

○ 尽量拎出一些关键词，把过往经历中的亮点更直观地标记出来。

## 如何设计课程目录

自我介绍之后，就会进入正式课程中。在课程的开头，一般
会放课程的整体目录。有个目录做引导，学员会知道接下来都要
讲什么，找到自己感兴趣的部分；但如果没有课程目录，学员被
动跟着学，很容易"跟丢"，迷失在知识点里。所以，目录要避免
平铺直叙，争取在课程开始的前三分钟内调动学员的兴趣。

在设计目录时，要避免堆砌知识点，应以目标为导向。

---

▶▶ **目录 1**

○ 在线教育增长项目
○ 搭建增长活动框架
○ 丰富增长活动类型
○ 形成增长活动矩阵

---

▶▶ **目录 2**

○ 如何实现用户增长：增长活动优势明显
○ 如何规划增长活动：搭建增长活动矩阵
  • 第一步 定框架：搭建增长活动框架
  • 第二步 填内容：丰富增长活动类型
  • 第三步 成体系：形成增长活动矩阵
○ 如何落地增长活动：增长活动的优先级

---

目录 1 是非常沉闷的目录，一眼望去没有记忆点。而目录 2 用提问的方式与学员进行互动，更动态、让学员有参与感，更容易调动学员的兴趣。

同时，还要避免使用宽泛名词，应使用更聚焦于工作内容的词语。

> **目录 3**
>
> ○ 产品开发流程中的产研协作
> ○ 高效协作实操锦囊
> ○ 总结

> **目录 4**
>
> ○ 产品开发过程中的产研协作点
> ○ 如何做好需求评审中的高效协作
> ○ 如何做好落地开发中的高效协作
> ○ 总结

目录 3 并不能让学员一眼看去就马上了解学完本课的收获是什么，而目录 4 则能明确地呈现这一点。目录 3 中的"开发流程""产研协作""高效协作"都是常见的宽泛词，也就是让人看起来没什么兴趣的词；而后者中的"需求评审""落地开发"等词汇则更聚焦于岗位本身，会让学员更有代入感。

# 如何讲好概念

讲师讲课时，常常需要阐述自己对某个概念的理解，或者对某个事情的看法。这类内容不能讲得很粗略，因为有人可能会听不明白；也不能讲得太详细，因为会拖延课程的进度。有些讲师直接将百度百科中的描述复制粘贴到 PPT 中，在上课时直接照着念，学员听着就会觉得很枯燥。这种情况下该怎么办呢？让我们结合案例来体会。

## 干讲概念 V.S. 举例说明

我们以两张 PPT 来看"干讲概念"与"举例说明"的区别。

---

**· 价值交付**

教育类产品通常要交付给家长的是【学习效果】。能让家长看到学习效果，这个课程才算是有价值。

学习效果可以在各个方面进行呈现，如学习成果、学习状态、学习频次、学习时长……也可以从各个角度进行呈现，如孩子自身的表现、老师的点评寄语、同学的互动评价……

**理解产品
（做交付）**

还可以在其他体验环节反馈出来，比如服务满意度、关怀满意度。前面提到的学科类产品相对不适合突出学习效果，除上述体验环节促进"老带新"外，我们在找到用户后分析了用户特征，例如关注孩子学习成绩的家长对竞争很敏感，我们可以尝试"声东击西"的策略，比如邀请用户组队去某些大中小型赛事 PK 竞技，目标是通过其他维度调动起用户，让用户无戒心地动起来，从而找到周边的用户。至于设计什么转化路径，则需要不同产品团队根据自己的产品及用户深入探讨了。

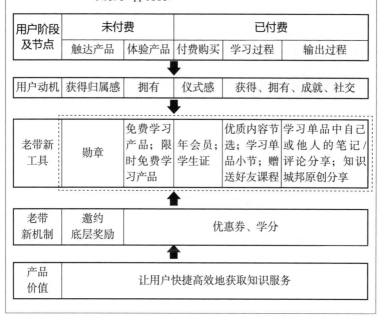

前者 PPT 里内容很多，学员会感到烦琐、难理解；而后者直接用案例来展示，更直观，在具体案例的基础上再讲那些维度就很容易理解了。

## 概念不清晰 V.S. 颗粒度更细

下面展示的是"概念不清晰"与"颗粒度更细"的 PPT。

---

**分类方法二：用户角度**

典型用户类型

比如说，有的家长非常重视提分，我们就将其归为分数型家长；有的家长把孩子交给辅导老师管理，我们将其归为服务型家长；还有的家长就是看别人家孩子学什么，他们也让自己孩子学，我们就将其归为群众型家长。

理解用户
（找用户）

针对每个类型的侧重点不同，我们后续选择的节点和输出也会不同。

对于提分型家长，强调效果外化（素质类产品）；
对于服务型家长，给出更好的服务并通过服务节点触达，促进"老带新"；
对于群众型家长，则给予大众化的策略，侧重营造"群体跟随"的氛围。

---

## ▶▶ 找用户

### 对用户进行归类和分析

| 类型 | 教育为王型 | 分数为王型 | 放养为王型 |
|---|---|---|---|
| 年龄 | 40 岁以上占比大 | 35~40 岁占比大 | 35 岁以下占比大 |
| 学历 | 本科及以上 | 本科及以上 | 本科、专科占比大 |
| 职业 | 企事业单位中高层 | 企事业单位中层 | 企事业单位职员 |
| 家庭收入 | 收入最高，年薪百万元上下 | 收入中等，年薪 30 万元上下 | 收入一般，年薪 10 万元上下 |

（续表）

| 类型 | 教育为王型 | 分数为王型 | 放养为王型 |
|---|---|---|---|
| 教育投入 | 投入最高，10 万元上下 / 年 | 投入中等，1~3 万元 / 年 | 投入一般，1 000~10 000 元 / 年 |
| 辅导孩子学习的时长 | 35 小时以上 / 周 | 15~25 小时 / 周 | 10 小时以下 / 周 |
| 对在线教育的认可度 | 认可 | 倾向于线上和线下相互补充的方式 | 认可 |
| 用户标签 | 高收入、高背景、教育投入高 | 收入中等，教育投入中等 | 年轻父母群体，收入一般，教育投入一般 |
| 用户核心需求 | 提升孩子的综合素质 | 提升孩子的考试分数。对与提升分数相关的技巧、题库类型等尤为关注 | 需求机构规划孩子的学习节奏和目标，并告知怎么配合孩子的学习节奏 |

当我们讲一个知识点的时候，不用把自己所想到的所有内容一股脑全放到课程的 PPT 中去，而是要做个取舍，只给学员展示最重要的信息，而且要确保这些最重要的信息一定是能被学员很好理解的。如果有需要，可以反复强调和讲解这些信息。

## 讲重点：把方法拆碎了精讲

前文提到可以用交付物来验证知识点或方法论的有效性，当把交付物打磨得足够翔实和清晰，让方法论已足够落地、可依赖的时候，这门课程就会有质的飞跃。

**内容过多 V.S. 把方法拆碎**

如果讲师在 PPT 中放入过多内容（如下图），在实际上课时就会出现一页 PPT 讲了好几分钟的情况，学员可能这页没听完就跑了。如果想要提升干货感，需要将知识展开来讲解。这样做不但会提高内容质量，也会让学员更愿意顺着你的逻辑往下听。

---

**案例** ▌**提升商家端新功能的使用占比**

**Step 1 认知**

---

角色：商家，BD，商家服务，销售运营……

需求：商家需要个性化服务，BD 需要更多客户，商家服务需要减少客诉，销售和运营需要提高效率

情景：提升同时服务多个商家的效率，保证对每个商家的服务质量

数据：行为数据，反馈的问题，各角色访谈的信息

模型：B=f（P, E），Fogg 行为模型，Hooked 上瘾模型……

---

讲师不如把一页 PPT 的内容拆碎了，对其中每个步骤都细讲，带着学员挨个理解知识，特别是课程重点。讲师需要拿出这样的耐心。

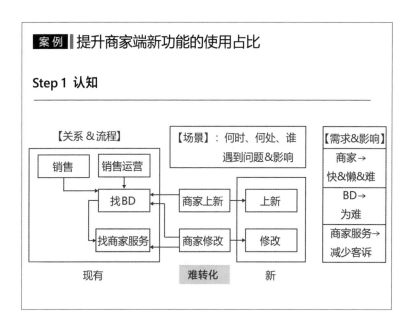

## 堆积信息 V.S. 拆分步骤和方法

下面这张 PPT 上的信息混成一团，学员一下子无法理解清楚上面的逻辑。不如将要讲的部分分开，先说需求背景拉齐认知，再说其他内容（见后面四张 PPT）。此外，讲师可以多提一些操作技巧的内容，例如如何处理在需求评审会中遇到的一些突发情况，或者和研发在这一环节的沟通中容易出现的问题。这样的设计既涵盖了讲师想传达的信息，学员吸收起来也没有压力了。

## ▶▶ 需求评审中

**动作**
- ○ 言简意赅说明需求的背景、目标，让大家拉齐对项目的基础认知
- ○ 概括需求范围，一般展示需求文档中的脑图
- ○ 详细讲解需求，对照线框图与标注，阐述主要逻辑

**工具 / 交付物**
- ○ 会议纪要
- ○ 石墨文档 / 印象笔记等

**注意事项**
- ○ 跟撰写需求文档一样，在讲解的过程中要分清主次，主要讲解主逻辑，否则会议会变得冗长低效
- ○ 如果有的逻辑点在撰写文档时没有考虑周全，在会议中被研发当场问倒，不要蒙。如果可以很快想清楚，就当场给出结论；如果需要进一步思考，可以作为行动项，后面补足即可。这种情况是会高频发生的
- ○ 将在会议上可能产生的分歧记录清楚，确定 To Do List 和责任人，便于会后推进

　　下面四张 PPT 便是将原 PPT 的内容拆分成四个关键步骤的页面。讲师据此展开详讲，学员更容易接受。

## ▶▶ 需求评审会

- ○ 充分沟通，双方达成对用户需求的理解和实现方案的共识
- ○ 需求评审会展开逻辑：

| 讲解需求 | 沟通答疑 | 会议总结 |
|---|---|---|
| ○ 概述需求背景拉齐目标<br>○ 概述需求范围整体了解<br>○ 页面细节详细 | ○ 与研发逐一过存疑点 | ○ 总结待解决的问题、要修改的部分，形成 To Do List |

**产研冲突多发地，注意对需求的讲解逻辑和沟通技巧**

## ▶▶ 如何做好需求讲解

**Tip：讲解要分清主次，重点讲解主逻辑**

○ 先同步背景，拉齐认知

○ 明确需求范围，用脑图

○ 用流程图展示核心逻辑

○ 对照线框图讲解页面和逻辑

## ▶▶ 如何做好沟通答疑

**Tip 1：被研发当场问倒？不要蒙**

○ 如果可以很快想清楚，就当场给出结论

○ 如果需要进一步思考，可以作为行动项，在会后补足

**Tip 2：听不懂研发的技术术语？使用"输入—处理—输出"的逻辑**
**沟通**

○ 输入：前置条件是什么，什么信息会被处理

○ 处理：信息按照什么方式被加工和流转

○ 输出：信息最终如何呈现

## ▶▶ 如何做好会议总结

**Tip：总结待解决的问题、要修改的部分，确定 To Do List 和责任人**

○ 时间、地点、人物

○ 讨论环节涉及的问题：待解决的＋要修改的

○ 针对每个问题，明确处理人和处理时间

## 内容杂乱 V.S. 拆分出逻辑关系

下面两张 PPT 形成了鲜明的对比。第一张内容杂乱，而第二张则把要讲的内容以表格的形式拆分出明确的逻辑关系。很明显，第二张 PPT 的教学效果会更好。

老带新转化率一定是最为重要的目标。

首先，需要根据不同产品的性质预设合理目标，可以对标行业内同类产品，避免目标过高或过低。其次，过程目标在某种程度上来说更为重要。

1. 定义清楚

老带新转化率 = 转化成功的新用户 / 带来新用户的老用户数量。具体老用户的定义、新用户的定义……

全队进行沟通时需明确概念定义。之前有萌新在这里翻车，曾把老带新转化率与上节课提到的"公司整体转化率"混淆。

### ▶▶ 如何合理设定目标：由整体到局部

| 最终目标 | 策略目标 | 过程目标 | | | |
|---|---|---|---|---|---|
| 整体转化率 | 单项目转化率 | 单项目过程数据 | | | |
| 整体转化率 =（项目 a + n 转化率）/ n | 项目 a 转化率 | 过程目标 1 | 过程目标 2 | …… | 过程目标 n |
| | 项目 b 转化率 | 用户量 | 分享量 | …… | 新用户购课量 |
| | …… | …… | …… | …… | …… |
| | 项目 n 转化率 | 用户量 | 分享量 | …… | 新用户购课量 |

**罗列步骤 V.S. 把步骤图示化**

在下面两张 PPT 中，第一张只是将步骤罗列出来，而第二张则做了升华，把课程精华浓缩成可视化的样式，加强了学员的"获得感"。

▶▶ **步骤总结**

○ 第一步：分析社群运营 SOP，列出关键动作
○ 第二步：根据关键动作，分析销售转化漏斗
○ 第三步：通过漏斗指标确定高意向核心表现
○ 第四步：根据分层指标对用户进行标签分层
○ 第五步：评估每个阶段各层用户的数量占比，据此调整策略
○ 第六步：根据策略把控私聊节奏，实现高效转化

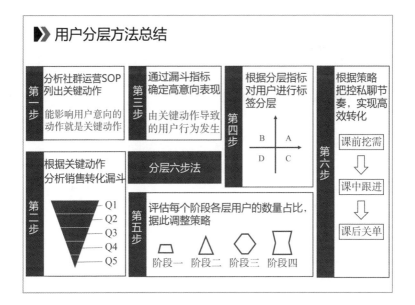

**信息混杂 V.S. 信息结构化**

在下面两张 PPT 中，第一张将很多文字堆在一起，看起来干巴巴的；而第二张则用了可视化的方式展现，并且标注出重点，看起来就轻松很多了。这样拆细来讲，学员学起来也不累。

---

▶▶ **社群转化的四个阶段**

○ 用户了解阶段

  · 解决的问题：用户了解社群的功能，留下初步印象

  · 怎么做：

    三个内容：品牌方是谁？社群是什么？你在社群中是什么？

    内容要点：简明，清晰，有用，可靠

    输出方式：明确需求：你为什么需要？建立对自身需求的感知

               产生联系：你是谁 & 这里还有谁？建立对群内身份

               的认知

---

▶▶ **用户了解阶段**

○ 打标签：重点内容和互动方式

**传达内容**

品牌方是谁？
社群是什么？
你（用户）是谁？

**互动方式**

协助用户明确需求
协助用户明确社群身份

**注意要点**

简明清晰
有用可靠

## 讲总结：避免虎头蛇尾

总结是很多讲师会忽略的地方，这使得相当一部分课程有虎头蛇尾的问题。其实按照峰终定律，让学员印象最深的就是课程中的"顶峰"和最后部分，所以在课程结尾的地方，讲师一定不要只是简单地重复课程中的内容，浪费学员的时间。

---

**▶▶ 课程总结**

○ 为什么需要实验思维
○ 什么是实验思维
○ 如何应用实验思维案例

---

**▶▶ 课程总结**

○ 实验思维适用后验问题
　• 做产品多是解决后验问题
　• 猜是猜不出来的，要靠"尝试"
○ 实验思维四步法
　• 认知→假设→验证→复盘
　• 有策略地试错
　• 区分假设和事实
　• 流动提升认知
　• 循环促进增长

○ 四步法中最需关注
　• 认知的维度：【角色】【关系＆流程】【数据＆信息】【各方需求】【场景】【常用三大模型及应用】
　• 提出假设：基于事实的本质思考＋大胆假设
　• 验证假设：从样本的选取到实验的科学严谨度
　• 总结复盘：确定结论，扩大范围

---

通过上面两张 PPT 我们可以看出，第一张 PPT，即目录式的总结只简单告诉了学员这节课都有哪些内容；而另一张 PPT 的课程总结则能带着学员回顾课程的核心内容，值得截图保存，这样

学员在实际工作中若一时想不出本课内容，直接看这张截图就可以顺利回想起来。

另外，在课程结尾"总"的部分中，要强调课程内容的应用性。以下几种处理手段可供参考。

1.结合所讲知识预设学员可能会在工作中面临的突发情况，增强方法论的适配性，以下图为例。

▶▶ **产品经理需求变更了怎么办**

○ Tip 1：与研发阐明需求变更的原因，产研一家亲，产品不会无缘无故变更

○ Tip 2：明确变更涉及的范围，更新需求文档并与所有相关方正式沟通确认

○ Tip 3：一杯奶茶、一点小零食可能是破冰的好办法

2. 补充更多的应用场景，以下图为例。

▶▶ **增长活动矩阵应用**

在增长活动矩阵之下进行思考规划，从用户（who）、阶段（when）、场景（where）、动机（why）、行为（how/what）5 个方面去思考，组合形成活动思路和具体方案。

| 用户 | 阶段 | 场景 | 动机 | 行为 | 活动 |
|------|------|------|------|------|------|
| 正价课用户 | 课中 | 学习场景 | 礼品 | 分享 | 分享有礼 |
| 低价课用户 | 课中、课后 | 非学习场景 | 礼品 | 邀请购课 | 邀请有礼 |
| 未转化新用户 | 流失风险期 | 非学习场景 | 学习资料 | 分享助力 | 助力领资料 |

3. 补充更多新的技巧，以下图为例。

---

▶▶ **第三部分 如何落地增长活动：增长活动的优先级**

1. ICE 优先级模型——资源限制下的优先级原则

- Impact：增长活动影响的用户范围

- Confidence：增长活动成功的可能性

- Ease：增长活动实现的难度

2. ICE 模型评分表——准确评估活动优先级

3. 在线教育增长活动优先级

---

以上讲解只能让讲师对讲好知识点有一些初步的体会。所有的经验都来自实践，讲师在实际操作中，将会对以上内容有更深入的认知。

## 如何设计课程案例

课程中的案例不是学员学习的样板，也不是讲师给到的正确答案。案例的作用是辅助学员进行场景代入和理解知识点。

有的讲师可能认为只有自己的案例才值得讲，其实不然。如果案例是你亲自操盘的、为结果直接负责的项目，是最好不过的。如果你只是参与过该项目，但知道其中的具体环节和信息，这也可以用作非核心案例。甚至你曾观察到的一些行业案例，如果其中有特别贴合你讲解的方法的地方，也可以作为非核心案例，只不过如果想使用别人的案例，要尽可能做好前期调研，避免所引用的案例的关键信息与事实不符。

课程案例一般分为以下三种类型。

○ **我操盘过的项目，并根据该项目总结了成熟的方法。**这是最佳案例。对于大部分讲师来说，这部分案例不会特别多，所以一定要在讲解时深挖细节，并想办法提炼出学员可以通用的方法。这样的案例是打底的案例，是真正的干货所在。

○ **我经历过的，但并非由我操盘的项目。**这样的案例同样有吸引力，但是要想总结出亮点则比较难，讲师可以讲一些在这段项目经历中的失败经验。这部分的案例可以作为替补案例，但作为核心案例是有风险的。

○ **我看到的，有思考的案例。**这类指你观察到的案例，或者是从别人那里听到的案例。对于这类案例，讲师可以讲讲自己的思考或分析，但切忌臆想，且要慎重使用，如果被内行人质疑的话，对于讲师来说是毁灭性的打击。建议避免将其作为核心案例使用。

一些特别热门的，已经被很多人反复应用过的案例，讲师就不要再详细展开讲了。学员会因为觉得没有新意而无法提起兴趣。比如，讲师在讲产品设计时使用"跑得更快的马"的案例，讲OKR时使用"Uber（优步）的增长飞轮"的案例。不是说这样引用案例不行，而是这种没有新意，预期效果会不好。

优秀的案例具备以下几个特征。

○ 首先，要跟知识点匹配，这是最基本的。
○ 其次，要尽可能是真实的，即使是讲师虚构的案例，也要尽可能拟真。
○ 最后，避免使用太冷门的案例，比如讲一个绝大多数人都没听说过的公司或项目。

当讲师在课程里采用案例时，要避免出现以下几个问题。

○ 案例与交付的知识不匹配。比如讲师随意想到的案例，可能是个有趣的案例，但是跟要阐述的观点无关。
○ 选取的案例跟工作的关联度过低。比如用日常生活中的案例，有些讲师会觉得这样学员更易理解，但是如果使用这种案例，学员还需要做工作场景的迁移，反而加大了误解的可能。
○ 选取的案例距离目标学员的水平太远。一些讲师为了使课程"高大上"，动不动就举乔布斯、埃隆·马斯克的案例，学员会因为无法企及而根本无法吸收案例。

我们鼓励尽可能多地在课程中使用案例，但是也不能无限制地应用。案例既要服务教学主线，不能无限延伸，也要围绕课程交付的主线，让交付变得更实在，不能使其成为一种干扰。就好像一辆驾驶在高速公路上的汽车，我们所有做的事情都是为了让它跑得更顺畅、减少阻碍，而案例就好像服务区，在学员不断"奔驰"接收硬知识后，能使其在此加油、休息，以保持兴趣，并加深对知识的理解。

**如何使用案例**

案例要结合它的引用目的来使用，存在三类常见的案例。

第一类：在开头引入的案例

引入式的案例会涉及学员在工作中经常会遇到的问题或挑战，因此这类案例能增强学员的代入感，引发他们的思考。讲师在撰写这类案例时，可以尽量写得翔实一些，建议套用 SCQA 模型，它包含四个环节：情景（situation）、冲突（complication）、疑问（question）、答案（answer）。

○　情景：描述事情发生的时间和地点，详细介绍大家都能熟悉或能理解的工作场景，作为情景信息。

○　冲突：即实际的情况和原先的目标有冲突。案例能否吸引学员的兴趣，关键在于对冲突的设计。

○　疑问：提出学员面临的痛点问题，让学员产生困惑和好奇，这样才能让他们有兴趣听下去。

○　答案：给出要讲的知识点，最好是明确的交付物，简洁的工具会很快吸引学员的目光。

讲师可以参考下面这张 PPT。

---

**案例**

小明刚入职一家在线教育公司，负责直播平台的产品项目。这个项目在从开发到上线的过程中遇到了巨大的难题。

这个项目技术很给力，产品体验非常棒，但是小明感觉业务端总是不支持他。为了这个项目，小明求爷爷告奶奶，没流量就自己搞，没课程就自己拉人来直播。

而课程组的同学总是在忙别的大项目，他们态度特别好，也特别认可小明的项目，但就是不提供人力支持，也一直说抱歉。可是，抱歉有用吗？

小明的以上挑战该如何解决？

---

第二类：过程中的案例

在讲解课程的过程中，讲师可以结合所讲到的方法，通过具体案例帮助学员进行理解。每一个步骤都可以加入小案例进行说明，如下图。

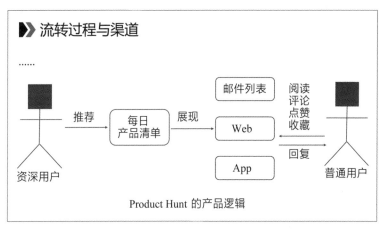

注：Product Hunt 是一个提供发现和分享新产品的网站

第三类：串讲的案例

在课程的最后，讲师可以设计一个能应用整个课程所讲的方法论的案例，相当于把课程的方法论做一遍串讲。

这种案例非常考验方法论的通用性，讲师如果能带着学员在这样完整的案例里反复应用方法论，会让学员的收获感大大加强。以下面这张 PPT 为例。

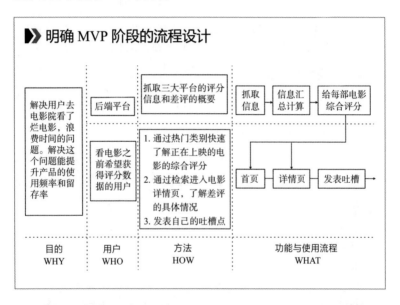

讲师可以根据课程时长分配案例，一个知识点能配 1~3 个案例讲解。案例间要有主次之分，主要的案例帮助学员理解方法，次要的案例给学员展示更多可能性，扩宽适用场景。如果是重点模块，案例的数量可以根据对学员水平的考量适当增多，从而由浅入深地帮助他们学习。

# 课程 PPT 的制作标准

本书所讲的 PPT 制作方法，仅是为学员的课程学习服务，旨在更好地帮助学员学习。

有一些讲师会先把讲课内容通过录音沉淀下来，后期再找人补做 PPT，以这种方式制作出的课程会让学员产生强烈的割裂感。建议先把课程 PPT 制作出来，然后按照这个 PPT 录制讲解内容。

能达到良好水平的课程 PPT 应该具备以下特点。

○  学员能直接看出本页的重点，并快速理解本页的主要内容。

○  PPT 的内容与讲师所讲的信息一致，但不需要把讲课内容全部以文字的形式堆积在上面。

○  排版合理，文字基本对齐，配色不突兀。

○  适当选用纲要目录、各类图表，目录不超过 2 个级题，一页内容不超过 7 个元素。

○  适当添加动画。这些动画可以辅助讲师展示思路，与讲课的语音相得益彰。

讲师比较难做到的，是让学员能直接看出一页 PPT 中的重点。对此，可以进行刻意训练，比如为文字划分自然段，尽量用简单的句子概括段意，言简意赅地传达重点。

讲师也可以了解一些有关平面设计、书籍排版设计和图文混排设计的内容，以及一些媒介与传播的相关理论，用于辅助对 PPT

的设计。不过最便捷的方式还是大量参考优秀的课程 PPT。

需要提醒讲师的是，PPT 只是作为一种表达与教学的材料和手段，不要因过于追求设计的精美而本末倒置，最重要的还是课程真正的实用性，可以把更多的时间和精力放在对交付物的打磨上。


## 如何有感情地讲课

绝大部分没有做过在线课程的讲师，对于录制这件事情是陌生的，甚至有点害怕。这个问题其实没什么诀窍，硬着头皮多录几遍就好了。

讲师可以先录制一些样品，观看一下录制效果，主要看知识的讲解是否到位。有些讲师一紧张就只念 PPT 的内容，对 PPT 背后的重要知识点一句话带过，忘记进行深入讲解；或者对知识点的讲解比较生硬，缺乏逻辑。这都是不行的，需要做到能将核心知识点讲透彻的程度。

因为线上学习相比于线下学习来说比较单调，所以每页 PPT 的讲解时间不宜太长，建议控制在 5 秒到 2 分钟之间，可以通过使用 PPT 中的排练计时功能来练习。

讲师可以提前写逐字稿，明确每张 PPT 的重点。如果在录制时发现还有对知识点讲得不够清晰透彻的地方，需要返工重录。

在语言表达方面，有以下几个地方需要注意。

1. 营造与学员一对一的对话感。

与在线直播等分享场景不同，在线课程需要营造一对一而不是一对多的学习场景，让在电脑面前的同学感觉到讲师是单独在给他讲课的。

如果讲师需要在视频中出镜，肢体语言也要以一对一的形式呈现。比如：眼睛要对着镜头；不管是否出镜，都避免使用"你们""我们""大家好"等表述，而是使用"同学""你""我""同学，你好"等。

下面是常用的开场白和结尾话术，讲师可以进行参考。

○ 开场白：同学你好，我是某某讲师，感谢你学习本节内容。本节我们重点学习……，能解决你……的问题。

○ 结尾：**我**来简单回顾一下本节的内容，本节重点讲的是……，核心要点是……

非常感谢**你**的认真听讲，希望这节课对**你**有帮助。

如果**你**有任何疑问，可以在留言区留言，**我**会进行回复。

2. 表达要有情感，不要机械地念稿。

有些讲师会在录制的时候对着逐字稿念，语音语调生硬、没有情感波动，学员很容易犯困。

在线课堂不能让学员看到讲师的表情，学员完全靠讲师的声音来理解课程内容，因此讲师的声音一定要有起伏，保持适度兴奋，通过语音语调的变化突出重难点内容，同时使讲解富于变化，比如在讲解重点内容时可以加大音量，或者将重点重复一遍。另外，站着讲会比坐着讲更容易表达出感情，但要避免因肢体晃动而导致收音不清晰的问题。

刚开始做录制的时候，讲师可以找个人坐在对面陪着自己，这样可以缓解紧张感，增加兴奋感。

3. 语速要平稳。

有的讲师因为平时工作节奏快，导致说话的语速也很快，甚至有吞音的情况，这在平时交流中没有大碍，但是若录制成课程就会影响观看体验。因此，建议讲师把语速基本稳定在每分钟 150~250 字。

有时候讲兴奋了，讲师的语速也会不自觉地变快，可以通过找人旁听做提醒来解决，也可以在后期通过加字幕辅助学员理解课程内容。

4. 要避免口语化表达和过多使用语气词来停顿的现象。

有的讲师几乎每句话都有语气词停顿，使用一些自己都没察觉的词汇，比如"这个这个""对吧，你说对吧""嗯嗯""啊啊"等。

应尽量有意识地避免这种情况，实在无法避免的，可以通过后期剪辑，把一些频繁到干扰观看体验的语气词剪辑掉。

## 如何高效录制课程

建议讲师选择安静且封闭的环境录制课程。静音很重要，如果房间外面有人走来走去，或者隔壁会议室有人开会，这样的环境都是不合适的。

　　录课室不宜选择过于空旷的环境，比如很大的会议室；也不宜选择过小的环境，比如厕所、公司里的电话室。这两种环境的回音都比较大。以笔者个人的经验来说，在杂物房、厨房等地方是可行的。

　　下面这张照片展示了布棉老师的录制环境。

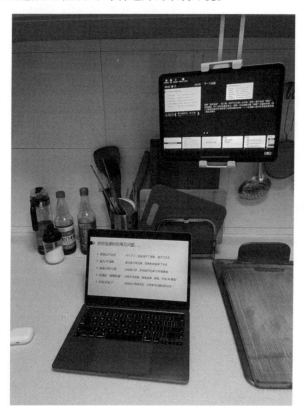

### 课程录制的准备

　　录制课程前，建议讲师先熟悉逐字稿和 PPT，可以先完整浏览一遍 PPT，熟悉逐字稿的内容，并演练一下。还可以将 PPT 和逐字稿以讲义的形式打印下来，以备在实际录制时作为参考。

为了确保录制效果，录制前需要对话筒进行测试。建议在正式录制前先试讲几十秒，保存之后回听一次，看麦克风是否设置成功，以及有无杂音、喷麦等问题。

正式录制时，要记住在开头和结尾都录出 3 秒空白，在每个段落之间、两页 PPT 之间稍微停顿 1~2 秒，有利于后期剪辑。

### 录制中断的处理方式

在录制过程中可能会有不得不中断的情况。例如，讲师录制时出现语言上的中断，或者周围环境突然有较大噪声，如开关门声、车辆鸣笛声、咳嗽声等。建议在此时停顿几秒，说"再来一次"，再从断掉的那句的句首重新开始，不需要全部重录。如果所讲的话出现了比较大的逻辑问题，就需要及时停下来，重新调整之后再录制了。

如果是采用分段录制的方式，或后期需要补录内容，尽量保证在相同的录制环境下操作，使声音衔接自然。另外，要记录补录部分的插入点，方便后续的剪辑制作。

### 课堂实录不可取

讲师可以采用线上直播实录的形式，但强烈不建议采用线下课堂实录的形式。很多讲师习惯了在线下分享，喜欢面对很多人讲课，觉得这样会比较舒服，但是课堂实录对于在屏幕前的学员来说，会感觉自己只是在旁听，很难融入其中，因为讲师在线下讲课的时候会不自觉地照顾现场的学员，而在线上观看课程的学员就会受到当时课堂状态的影响。

另外，课堂实录对音效、画质、现场的布置都有较高的要求，比如需要多机位切换视角，兼顾讲师和 PPT 画面，在制作上提出了更高的要求。

### 录制工具的选择

现在的录屏、录像工具已经非常成熟，有很多选择。只要能完整录屏、支持二次剪辑、支持高清文件输出都是可以的。以下是三节课常用的录制和编辑工具，讲师可以自行选用。

| 环境 | 软件 |
| --- | --- |
| Windows（微软操作系统） | Bandicam（班迪录屏） |
| iOS（苹果移动操作系统） | QuickTime（内置媒体播放器）、ScreenFlow（苹果电脑录屏软件）、iPad（苹果平板电脑）+ 苹果智能触控笔、iPhone（苹果手机）录屏。主要针对需要大量写写画画、做标注的课程，如产品类、设计类的课程 |
| 摄像机 + 手写 | 摄像机 + 滑轨 + 纸 + 笔。主要针对喜欢边写边讲的讲师，但这种形式对讲师的要求很高，录制成本也高，不建议做课不熟练的讲师采用 |

建议经常录制课程的讲师购买外接的电容式麦克风，这有助于降低噪音，提升音频质量。需要提醒的是，不管用哪种方式，都一定要把录音做双备份，以备后用。录音笔、手机、电脑可同时进行录音，因为在制作视频时，PPT 可以后配但音频没办法后配上，所以录音备份是必要的。

## 课程的审核标准

课程和出版物一样，都是传播型内容，需要做内容的审核。讲师需要在课程生产过程的不同阶段有意识地进行自我审核。下面提供一些简要的审核标准，以供讲师参考。

### 主题立意

1. 符合社会价值观。

2. 无违法违规内容。

3. 内容真实可靠，无虚假信息。

### 内容可读性

1. PPT 无错别字，无科学计数、单位错误。

2. 未使用娃娃体这类不利于阅读的字体。

3. 图片可读性强（分辨率清晰、无变形）。

4. 不宜在 PPT 内容中植入过多的广告、书籍推荐、二维码、社交媒体链接等。

### 无版权问题

1. 使用 Office（办公软件）自带的字体，未使用商业字体。

2. 引用的文章、图片、观点等已标注出处，获得作者授权。

3. 引用数据的，已标注统计时间和权威出处。

4. 不违规使用地图、国旗、国徽、钱币等图片。

5. 引用书籍内容、课程、影视剧的，已取得授权，或确认为合理引用范围。

## 内容积极向上

1. 没有涉嫌性别歧视、地域歧视的信息。

2. 没有过于主观武断的负面判断，如"用户运营就是哄＋骗"。

3. 没有引战类信息，如故意挑拨他人矛盾。

4. 没有恶意调侃社会名流等内容。

## 信息脱敏合规

1. 课程中不直接呈现真实的业务数据，有涉及相关内容的已做脱敏处理或用趋势图代替。

2. 没有未经同意就使用公司机密信息，或提及未经公开的产品名称、项目名称的情况。

3. 没有未经同意就使用公司产品、后台内部截图的情况。

4. 课程中的案例没有使用真实个人资料，均进行了改写。

· 后记 ·

当下，各行业高速发展变化，大量知识爆炸式涌现，市场会更迫切需要人们把工作实践中积累的成功经验，制作成一门以学员为中心的，口碑好、交付强、可长销的好课程，让后来者能有所借鉴，少走弯路，快速汲取前人经验并做好工作，节省下来时间和精力就可以多做一些创新的事情。

所以，当布棉老师提出想要写这样一本书的时候，我很荣幸能参与进来，很快就答应了。撰写这本书用了我们一年多的时间，其中方法论的沉淀更是用了六年多，这是三节课过往诸多教研、教学人员，以及合作老师们在不断实践中积累和沉淀下来的，很多人为此付出了非常多的时间和精力，才凝结了这样一笔巨大财富。

出版图书意味着三节课这家公司要把自己最核心的资产——线上课程生产的方法论公之于众，非常感谢三节课想要行业里更多人共建好内容的初心。

对于我个人而言，一方面希望能引发行业对于课程生产的关注，提出更高的要求，制作出更多好的课程；另一方面也希望让更多人了解课程生产的方法，降低做课门槛，激活做一门课程的实际行动。

要非常郑重感谢本书方法论和案例的提供者黄有璨、贺司衡、李炳坤、秦璐、张怀涛、韩宁宁等三节课过往的每一位教研、教学同学，同时也要感谢每一位与三节课合作过的老师，他们对高质量课程内容的不懈追求，最终促成了这本书的诞生。

这是一个人人都可以讲课，把课程作为自己作品的时代，每个人宝贵的经验和思考都值得作为知识沉淀和传播。做课已然不再是少数人的特定工作，而是可以让多数人用来自我提升，并带来收入的新路径。

期待这本书给更多人带来做课的勇气，以及做出好课的野心。

崔晓玲

2022 年 2 月于北京